Stricken mit MOHAIR

CV

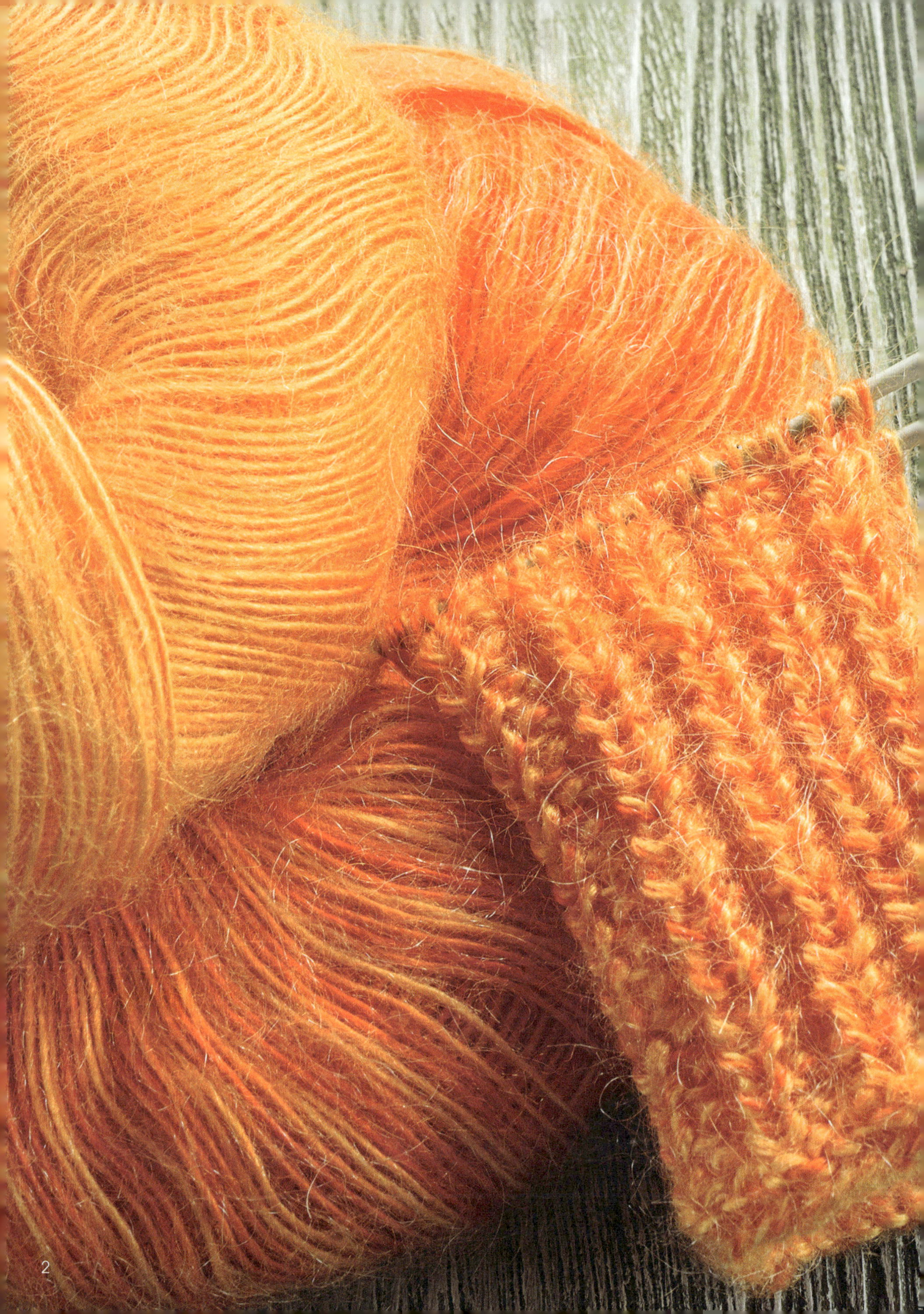

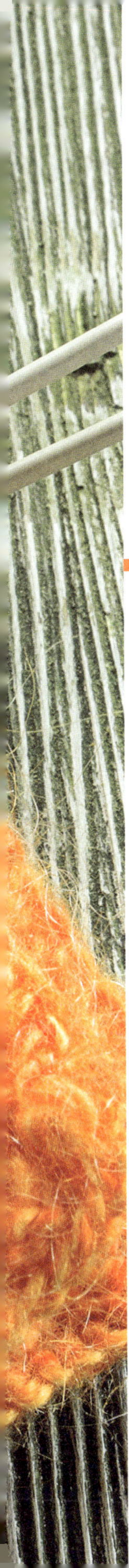

Stricken mit Mohair

Hauchzarte Mode aus federleichter Wolle

Dieses Buch ist der perfekte Beweis, dass Stricken rund ums Jahr möglich ist. Denn zu den warmen, dicken Pullis im Winter bilden die zarten, fließenden Modelle für den Sommer das Pendant.

Alle Anleitungen sind aus dem bekannten Rebecca-Magazin, das seit über 20 Jahren erfolgreich Strickmode aus ggh-Garnen veröffentlicht.

Gestrickt wird im Folgenden mit Mohair Wolle, der leichtesten Textilfaser. Aus ihr werden auf den nächsten Seiten filigrane Cardigans, pastellfarbige Raglanpullover und viele weitere federleichte Modelle.

Dank des hochwertigen Garns liegen Kleider sanft auf der Haut und sind daher auch an heißen Tagen angenehm zu tragen. Das süße Bolerojäckchen eignet sich als Begleiter für abendliche Feiern, wenn es langsam kühler wird. Die Jacke mit Raglanärmeln schützt beim Strand Spaziergang vor Wind und der verspielte Pulli im geringelten Marine-Look verleiht jedem Outfit einen besonderen Touch.

Geordnet nach Farben bietet dieses Buch Abwechslung und eine neue Perspektive auf sommerliches Stricken. Viel Spaß beim Nacharbeiten und Ausführen der zauberhaften Modelle!

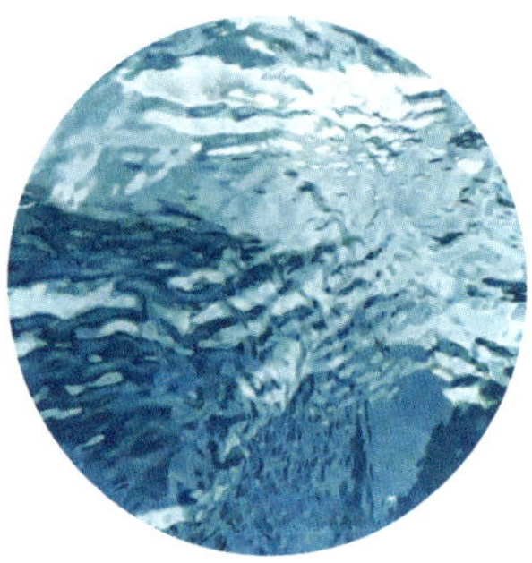

BLAU

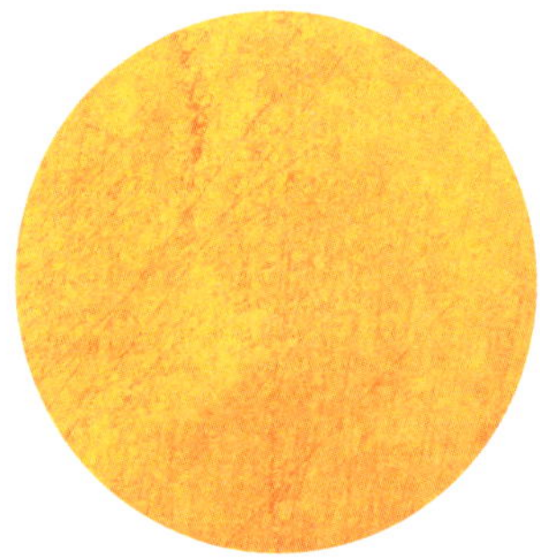

ORANGE

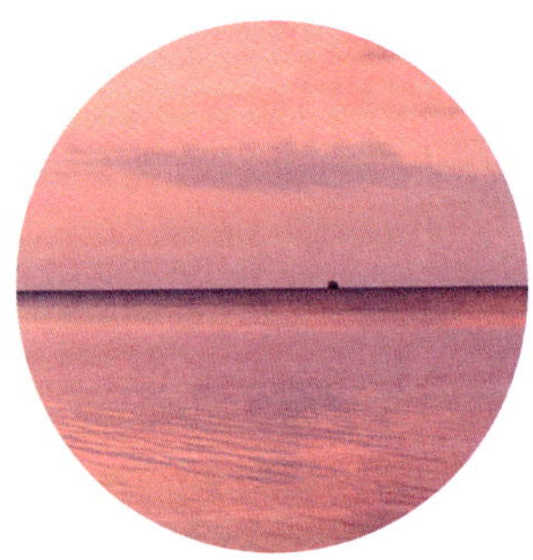

PINK, ROSA, LILA

Inhalt

SAND & GRÜN

Abkürzungen

M = Masche; **R** = Reihe; **Rd** = Runde

Wissenwertes über *Mohairgarne*

Mohair – Was ist das eigentlich?
Als Mohair werden die Haare der Angoraziege bezeichnet. Es ist lang, seidig und ausgesprochen fein. Die Fasern sind wasserabweisend und nehmen Feuchtigkeit auf, ohne sich nass anzufühlen. Gleichzeitig hat Mohair hervorragende Wärmeeigenschaften. Die Angoraziege wird zur Wollproduktion vor allem in Australien, Südafrika und Madagaskar gehalten. Sie wird zweimal pro Jahr geschoren und liefert ca. 3 – 6 kg feinste Wolle.

Mohair – Die beste Pflege
Bekleidung aus Mohair sollten Sie stets schonend bei Temperaturen von maximal 30 Grad waschen. Verwenden Sie ein hochwertiges, flüssiges Wollwaschmittel. Drücken Sie das Produkt im Handwaschbecken nur leicht aus und wringen Sie es nicht. Wenn Ihre Waschmaschine einen Wollwaschgang hat, umso besser. Nach der Wäsche liegend trocknen lassen.

Mohair – Tipps für die Verarbeitung
Mohair sollten Sie immer mit eher zu großen als zu kleinen Nadeln verstricken. Die Muster sollten nicht zu dicht gewählt werden. Nur bei einem luftigen und leichten Maschenbild entfaltet der Mohair seine ganze Schönheit in voller Perfektion.

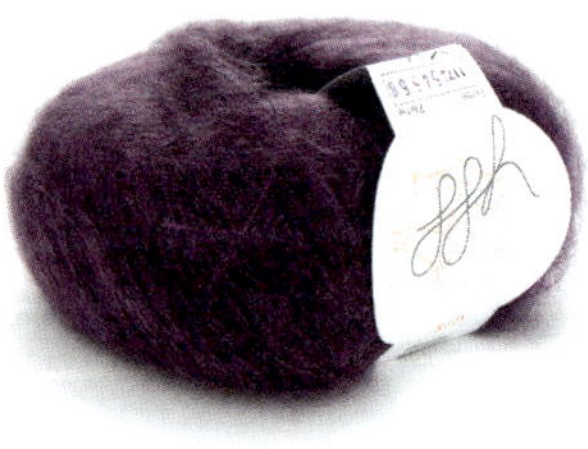

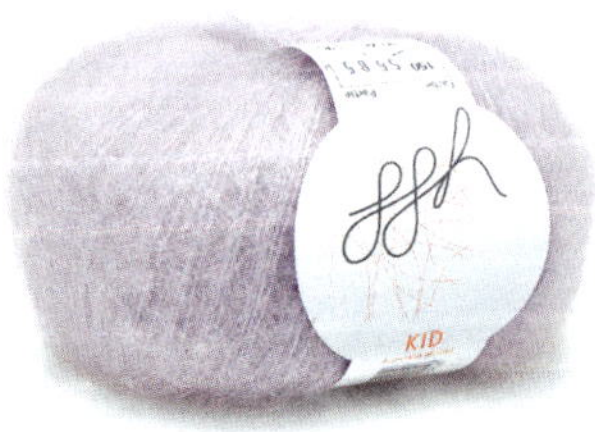

GGH KID MOHAIR

70 % Wolle aus feinstem Kid Mohair mit 30 % Seide ergeben eine super edle Komposition, die zugleich durch ihren flauschigen, weichen Griff und ihren leichten Seidenglanz besticht. 210 m Lauflänge auf ein 25 g Knäuel verspricht zarteste Werke in luftiger Optik. Alle Farben haben einen vollendet schönen Farbverlauf für zusätzlich spektakuläre Effekte.

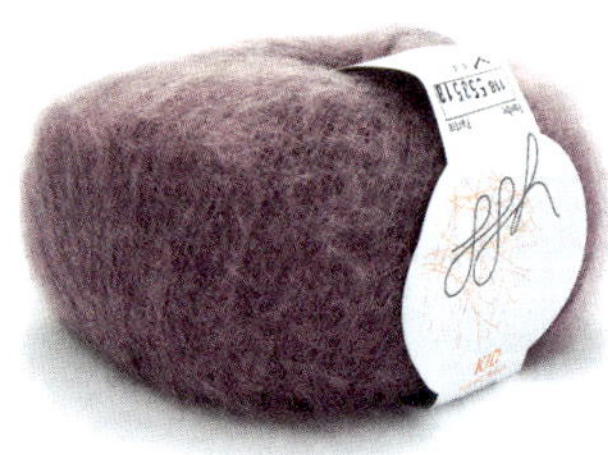

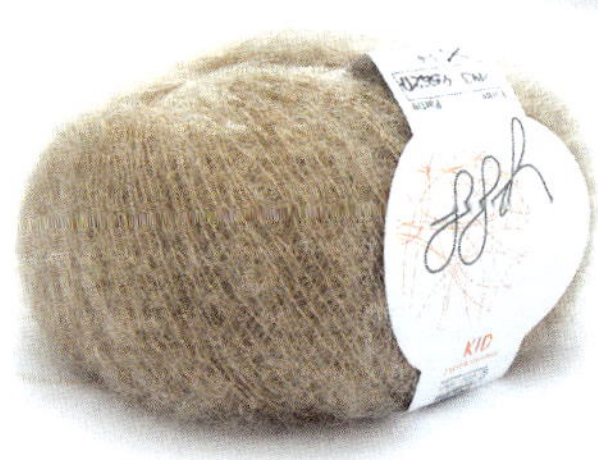

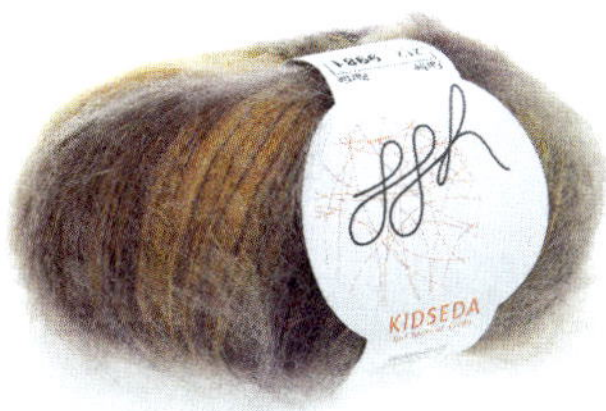

GGH KIDSEDA

65 % Mohair Wolle, 5 % Schurwolle und 30 % Polyamid: Eine Zusammensetzung und Farbauswahl mit Suchtpotential. Die leichten Farbverläufe zaubern uns jeden Tag ein Lächeln ins Gesicht und lassen uns staunen über die fein, feiner, am feinsten versponnen 250 m Lauflänge pro 25 g Knäuel.

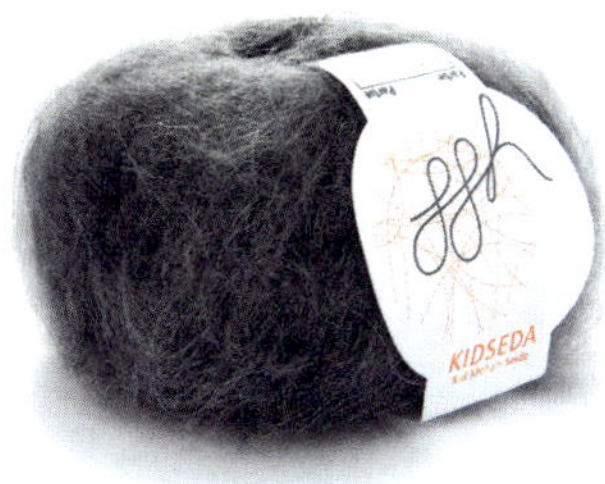

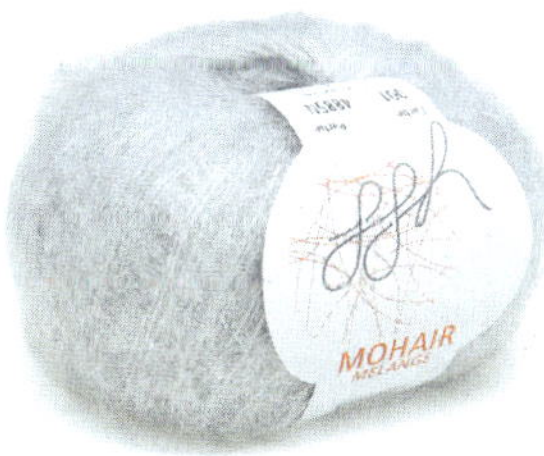

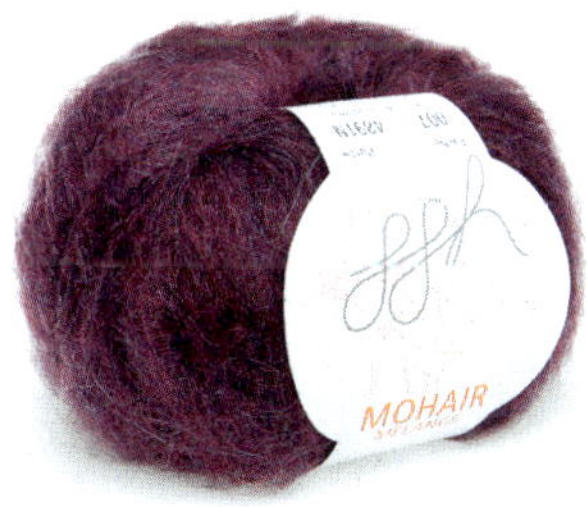

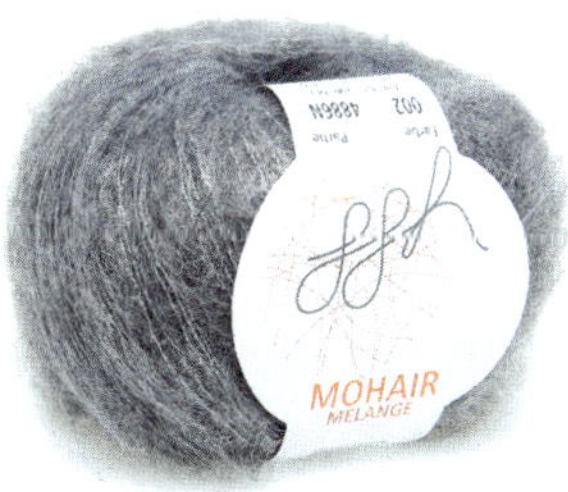

GGH MOHAIR MELANGE

Extrem zartes Super-Kid Mohair mit einer Lauflänge von nur 210 m pro 25 g Knäuel. Die Mischung aus 80 % Mohair und 20 % Polyamid ist so leicht und fein, dass ein Pullover mit einem Verbrauch von 125 – 150 g nur ein Hauch von Nichts wiegt.

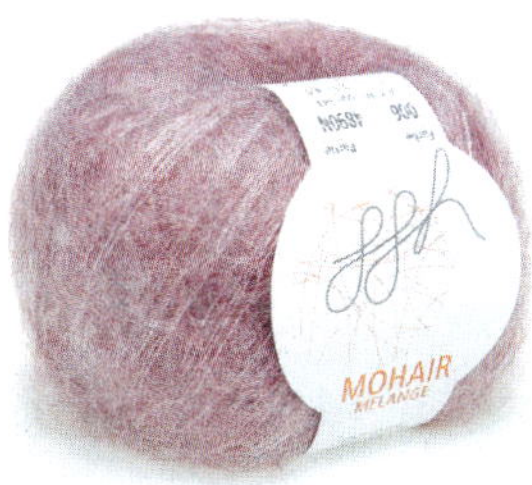

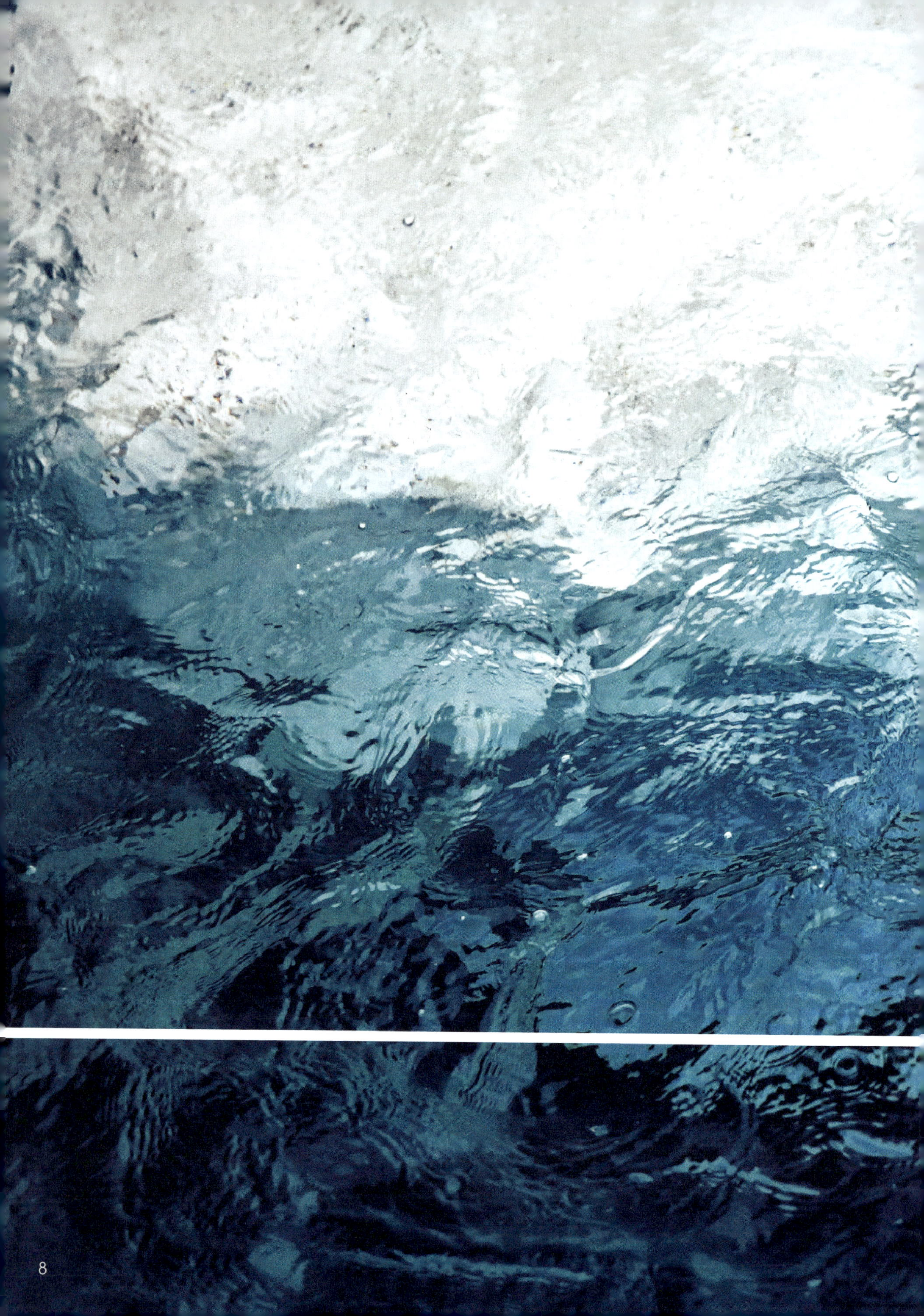

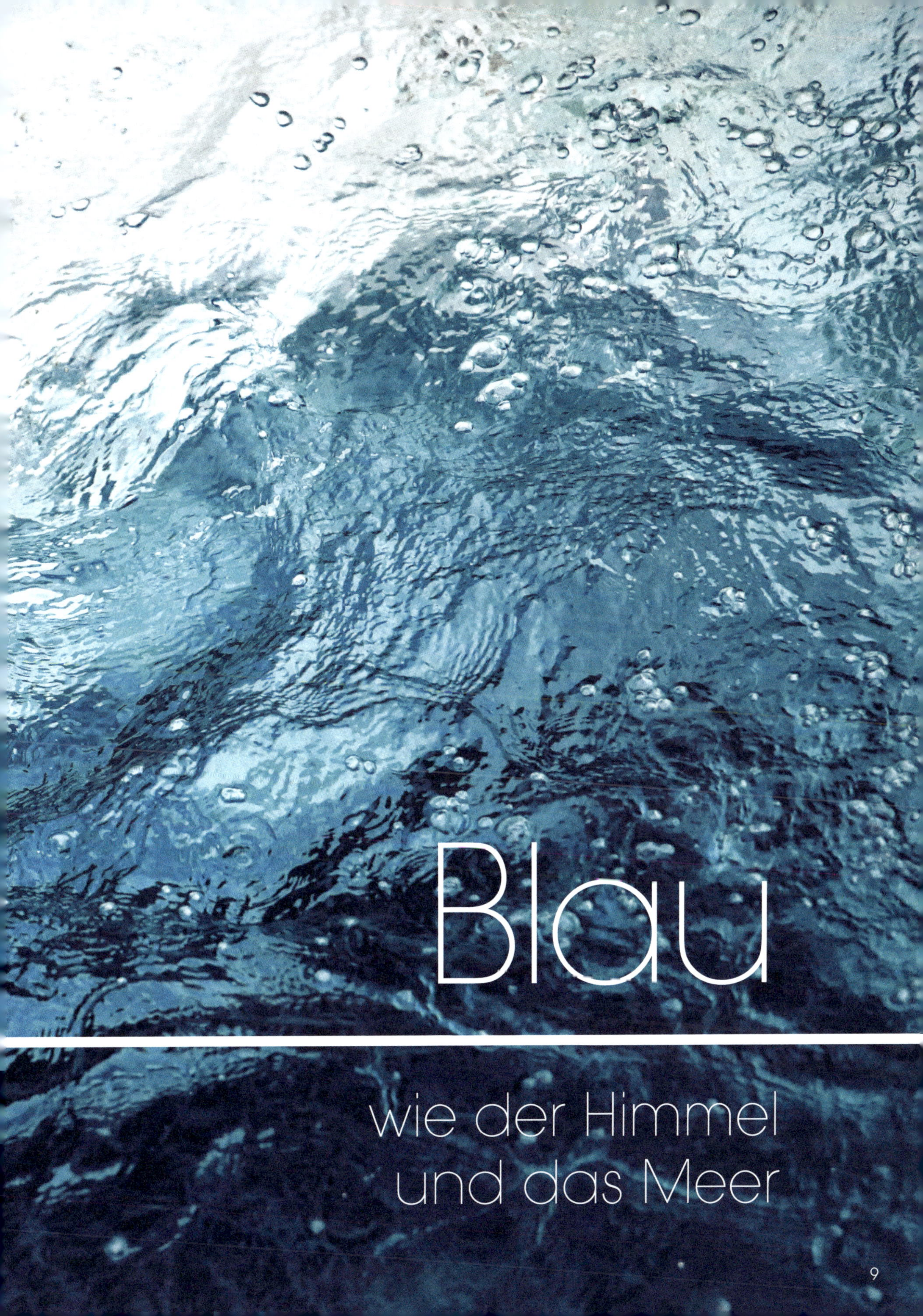

Blau

wie der Himmel und das Meer

Locker & *leger*

Unbeschwert die Sommertage genießen – mit dicken Nadeln zweifädig im Patentmuster gestrickt wird dieser gerade geschnittene Oversize-Pullover zum locker-leichten Casual-Outfit für alle Tage.

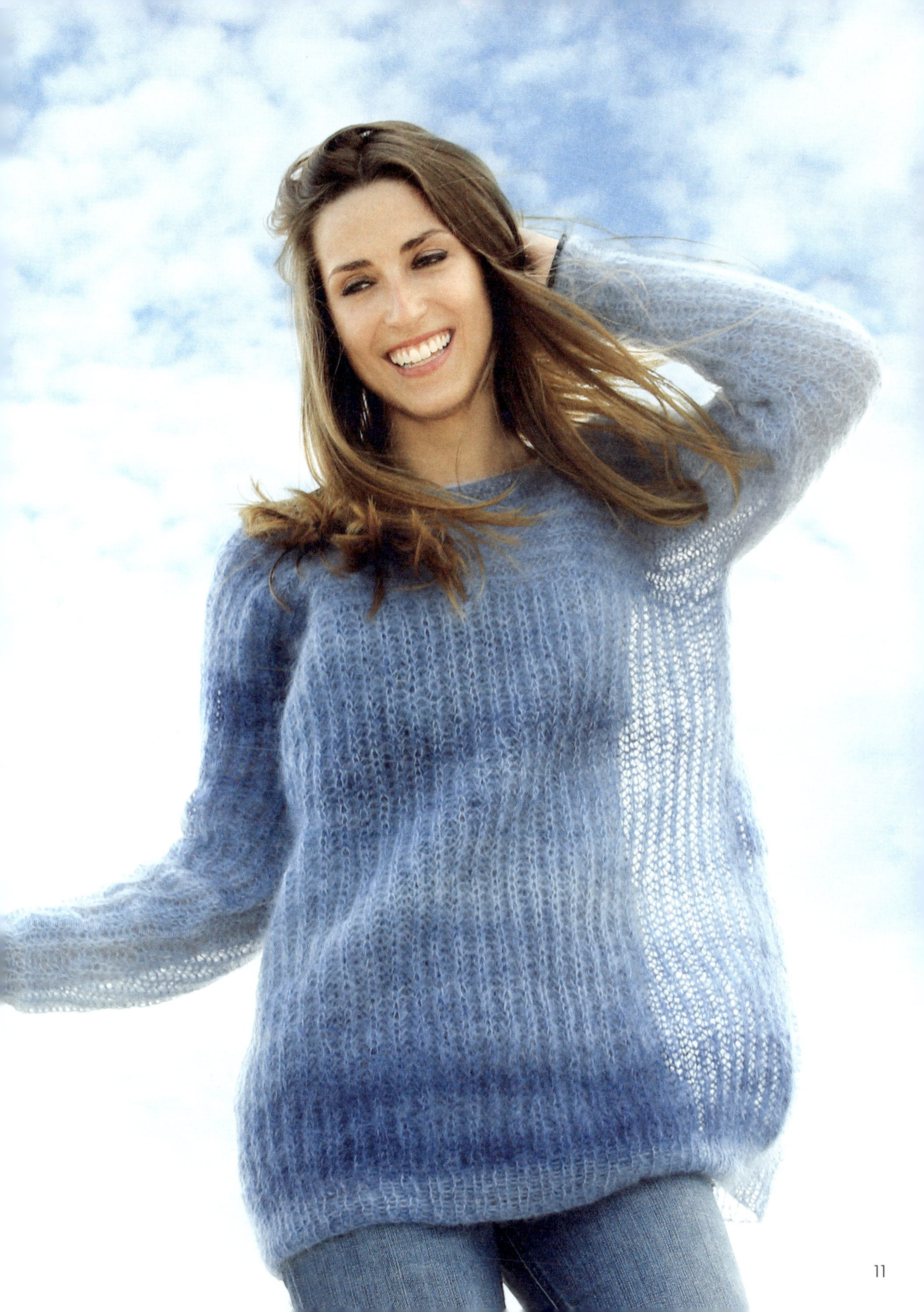

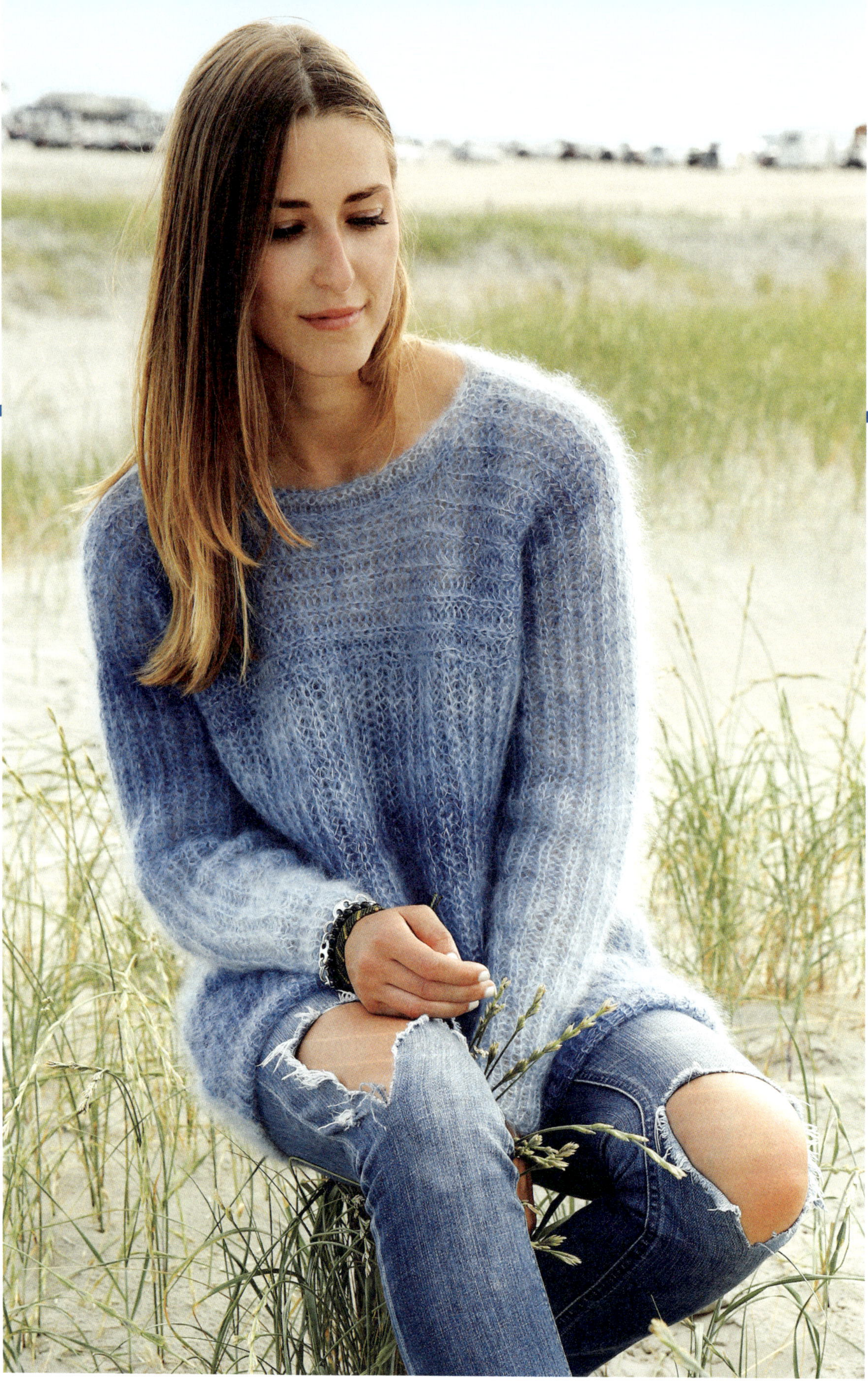

Locker & leger

Patent-Pullover mit Passe

GRÖSSE

36/38 (40/42) 44/46

Gesamtlänge ca. 67 (66,5) 67,5 cm

Die Angaben für Größe 36/38 stehen vor der Klammer, die Angaben für Größe 40/42 in der Klammer vor dem Strich, die Angaben für Größe 44/46 in der Klammer nach dem Strich. Bei nur einer Angabe gilt diese für alle 3 Größen.

MATERIAL

ggh-Garn KIDSEDA (70 % Mohair, 30 % Seide; Lauflänge ca. 210 m/25 g)

200 (225/250) g Blaumeliert **(Fb 210)**

Stricknadeln Nr. 4,5–5 und 5,5–6

Rundstricknadel Nr. 4,5–5 in 40 cm Länge

MASCHENPROBE

Mit Nadeln Nr. 5,5–6 zweifädig im Patentmuster gestrickt, ergeben 11–12 M und 28 R 10 x 10 cm.

MUSTER

Bündchenmuster

1 M rechts, 1 M links im Wechsel.

Patentmuster

Ungerade M-Zahl.

1. R (= Rückr): Randm, * 1 M mit 1 Umschlag links abheben, 1 M rechts, ab * wiederholen, 1 M mit 1 Umschlag links abheben, Randm.

2. R (= Hinr): Randm, * 1 M mit Umschlag rechts zusammenstricken, 1 M mit 1 Umschlag links abheben, ab * wiederholen, 1 M mit Umschlag rechts zusammenstricken, Randm.

3. R: Randm, * 1 M mit 1 Umschlag links abheben, 1 M mit Umschlag rechts zusammenstricken, ab * wiederholen, 1 M mit 1 Umschlag links abheben, Randm.

Nach der 1. die 2. und 3. R stets wiederholen.

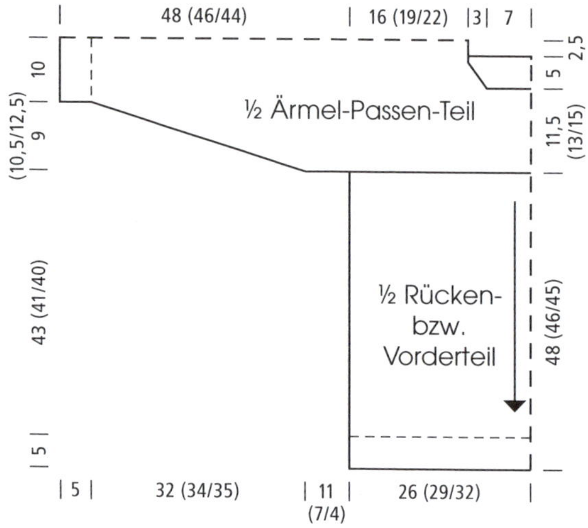

ANLEITUNG

Hinweis: Der Pullover wird durchgehend zweifädig gestrickt.

ÄRMEL-PASSEN-TEIL

Quer stricken und am rechten Ärmel beginnen.

25 M mit 2 Fäden und Nadeln Nr. 4,5–5 anschlagen und im Bündchenmuster stricken, dabei die 1. Rückr mit Randm, 1 M links beginnen.

In 5 cm Höhe zu Nadeln Nr. 5,5–6 wechseln und im Patentmuster stricken. Dabei für die Ärmelschrägungen beidseitig in jeder 18. (16./14.) R 5 (6/7) x 2 M zunehmen; dafür jeweils 5 M von den Rändern entfernt aus 1 linken M 3 M herausstricken (= aus der M je 1 M links, rechts und links stricken) = 45 (49/53) M.

In 64 (65/66) cm Höhe in einer Rückr 21 (23/25) M für das Rückenteil stricken und stilllegen, dann für den Halsausschnitt 5 M abketten.

Über die folgenden 19 (21/23) M das Vorderteil weiterstricken, dabei an der Halsausschnittkante in jeder 2. R (= Rückr) 4 x 1 M abnehmen (= die 2. und 3. M links zusammenstricken) = 15 (17/19) M. Über 14 cm gerade hoch stricken, dann an der Halsausschnittkante 1 x 1 M und in jeder 2. R noch 3 x 1 M zunehmen. Nach der folgenden Rückr die 19 (21/23) M stilllegen. Die Fäden nicht abschneiden.

Über die 21 (23/25) M für das Rückenteil 20 cm gerade hoch stricken.

Nun die 19 (21/23) M des Vorderteils stricken, 5 M neu anschlagen und anschließend über die 21 (23/25) stillgelegten M des Rückenteils stricken = 45 (49/53) M.

In 111 (111/112) cm Höhe für die Ärmelschrägungen beidseitig 1 x 2 M, dann in jeder 18. (16./14.) R noch 4 (5/6) x 2 M abnehmen. Dafür jeweils 4 M von den Rändern entfernt 3 M (= 1 linke M, 1 rechte M mit Umschlag und 1 linke M) links zusammenstricken = 25 M.
In 143 (145/147) cm Höhe über alle M mit Nadeln Nr. 4,5–5 im Bündchenmuster stricken.
In 148 (150/152) cm Gesamthöhe die M abketten.

RÜCKENTEIL

Aus den mittleren 52 (58/64) cm des Ärmel-Passen-Teils 61 (69/75) M mit 2 Fäden und Nadeln Nr. 5,5–6 aufnehmen und im Patentmuster stricken, dabei mit 1 Rückr beginnen. In 43 (41/40) cm Höhe ab Passe weiter mit Nadeln Nr. 4,5–5 im Bündchenmuster stricken. In 48 (46/45) cm Höhe ab Passe die M abketten.

VORDERTEIL

Wie das Rückenteil anstricken.

ZU GUTER LETZT

Das Teil spannen und unter feuchten Tüchern trocknen lassen. Die Ärmel- und Seitennähte schließen. Aus dem Halsausschnitt mit der Rundstricknadel und 2 Fäden ca. 70 M aufnehmen, dann 3 Rd rechte M und 1 Rd linke M str. Danach die M abketten, dabei rechts stricken.

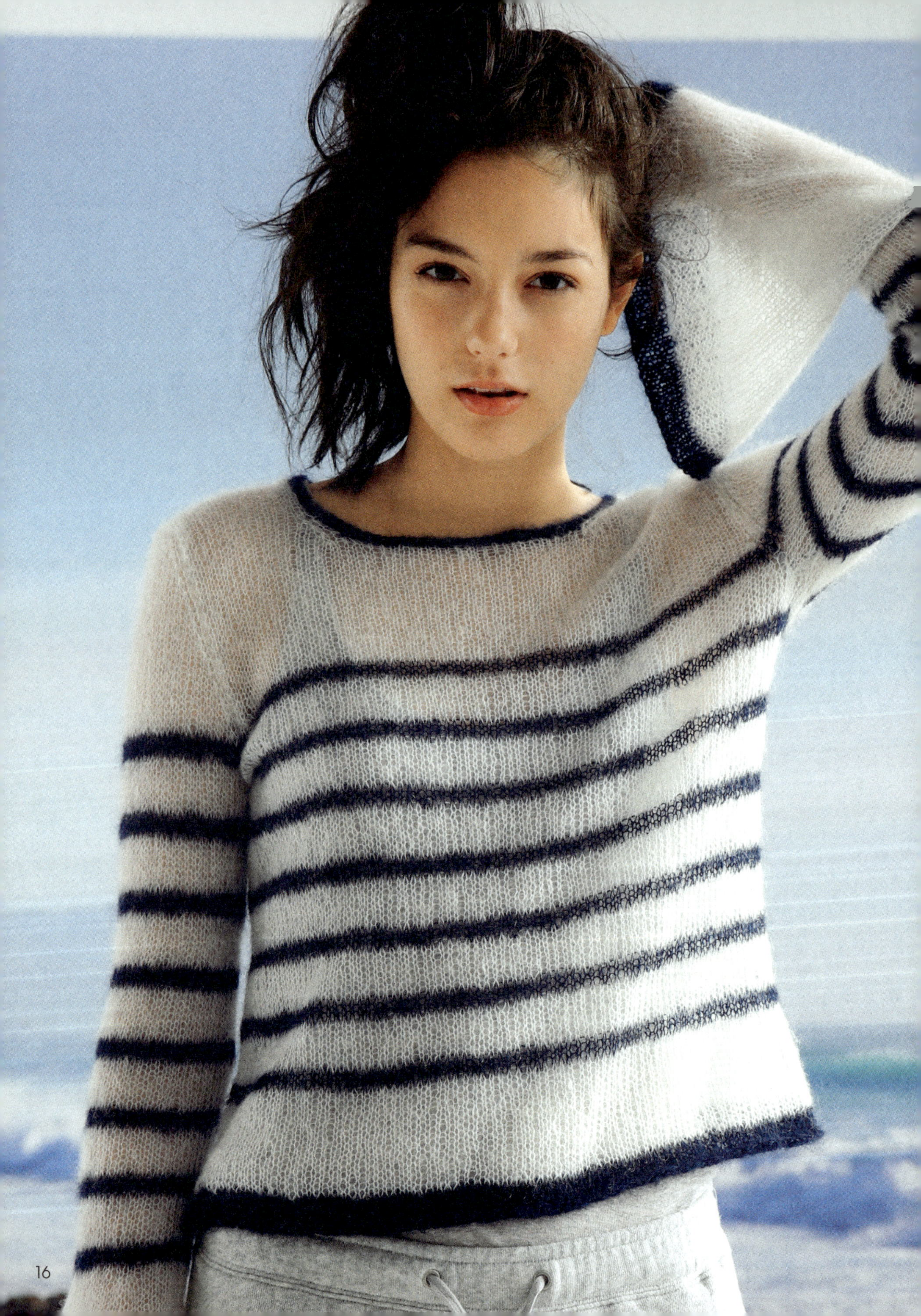

Maritimer *Chic*

Blickfang bei diesem kurz geschnittenen Pulli im weiß-blau geringelten Marine-Look sind die weit ausgestellten Trompetenärmel. Zum Captain's Dinner ersetzt man die Shorts durch elegantes Dunkelblau.

Maritimer *Chic*

Pullover mit Trompetenärmeln

GRÖSSE
Die Angaben für Größe 36/38 stehen vor der Klammer, die Angaben für Größe 40/42 in der Klammer vor dem Strich, die Angaben für Größe 44/46 in der Klammer nach dem Strich. Bei nur einer Angabe gilt diese für alle 3 Größen.

MATERIAL
ggh-Garn KID (65 % Mohair, 5 % Schurwolle, 30 % Polyamid; Lauflänge ca. 250 m/25 g)
75 (75/100) g Wollweiß **(Fb 102)** und
25 (50/50) g Tiefes Kobalt **(Fb 107)**
Stricknadeln Nr. 3,5–4
Rundstricknadel Nr. 3,5–4 in 80 cm Länge
Rundstricknadel Nr. 3–3,5 in 40 cm Länge

MASCHENPROBE
Mit Nadeln Nr. 3,5–4 glatt rechts gestrickt und in der Länge nur leicht gedehnt gemessen, ergeben 19 M und 27–28 Rd bzw. R 10 x 10 cm.

MUSTER
Kraus rechts
In jeder Reihe rechte M stricken.

Glatt rechts
In Hinr rechte M, in Rückr linke M stricken. In Rd nur rechte M stricken.

Streifenfolge
* 3 Rd/R in Marine, 8 Rd/R in Wollweiß, ab * 6 x bzw. 7 x stricken, danach noch 3 R in Marine arbeiten = 69 Rd/R bzw. 80 R.

Abnahmen
Am R-Anfang Randm und 1 M rechts stricken, dann 1 Überzug arbeiten (= 1 M rechts abheben, 1 M rechts stricken und die abgehobene M überziehen); am R-Ende bis vor die letzten 4 M stricken, dann 2 M rechts zusammenstricken, 1 M rechts, Randm.

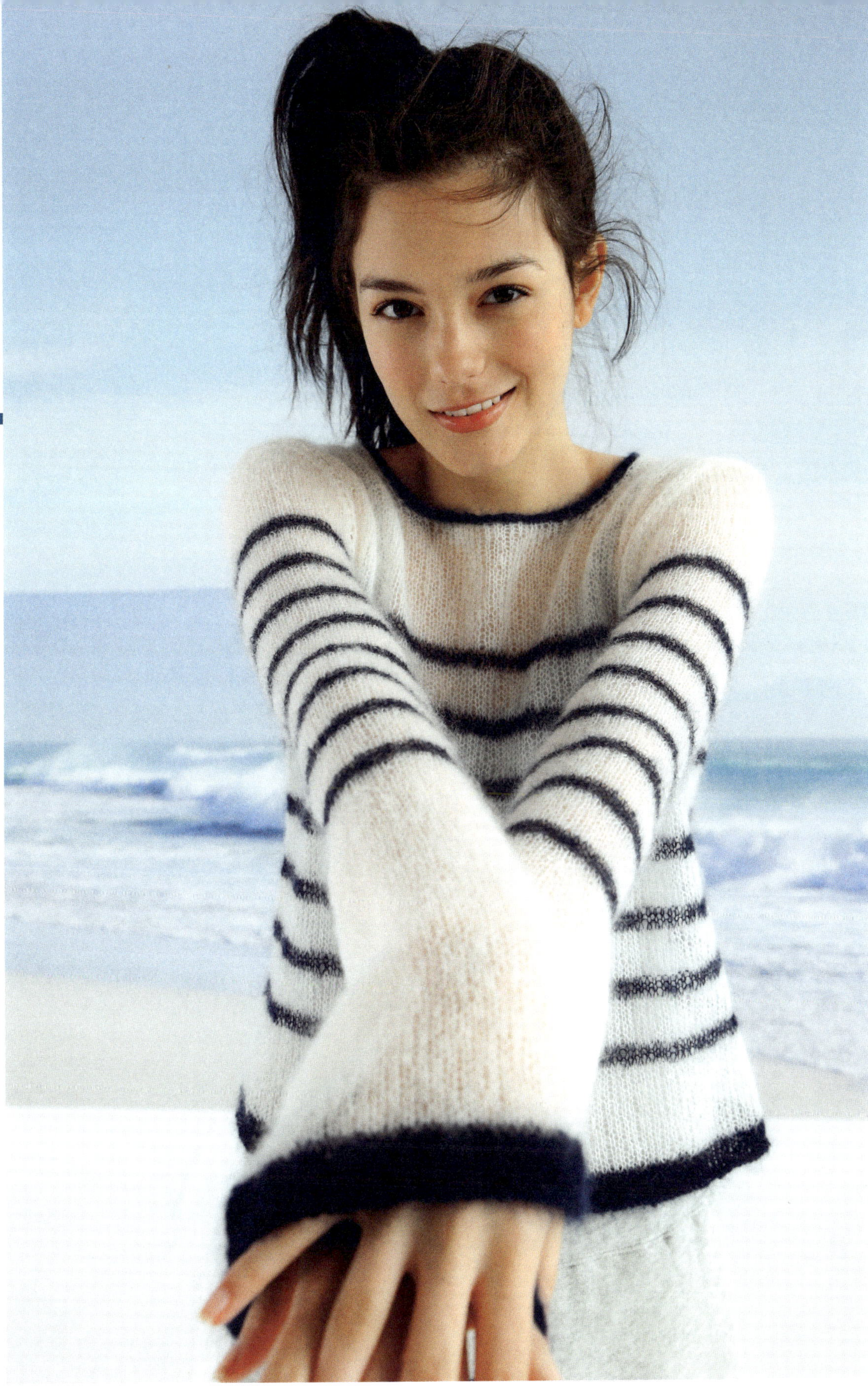

ANLEITUNG

Hinweis: Auch in Reihen mit einer Rundstricknadel stricken und die M immer an das Ende der Nadel schieben, wo der Faden in der benötigten Farbe hängt.

RÜCKEN- UND VORDERTEIL

Bis zu den Armausschnitten in Rd stricken. 172 (190/210) M mit 2 Fäden in Marine und Nadeln Nr. 3,5–4 anschlagen und zur Runde schließen. Dann 1 Rd linke M und 6 Rd kraus rechts stricken.

Nun weiter mit 1 Faden arbeiten und glatt rechts 18 Rd in Wollweiß, 69 Rd/R in der Streifenfolge, dann in Wollweiß stricken.

Zugleich in ca. 32 cm Höhe, nach 63 Rd in der Streifenfolge bzw. nach 5 Rd in Wollweiß, die Armausschnitte beginnen. Dafür vom Rd-Wechsel aus 80 (85/91) M stricken, 6 (10/14) M abketten, 80 (85/91) M stricken und stilllegen, 6 (10/14) M abketten. Über die folgenden 80 (85/91) M das Rückenteil beenden. Dabei für die Armausschnitte beidseitig in jeder 2. R noch 5 x 1 M wie beschrieben abnehmen = 70 (75/81) M.

In ca. 47 (49/51) cm Höhe für den Halsausschnitt die mittleren 28 (29/29) M abketten, beidseitig davon in jeder 2. R 3 x 1 M wie beschrieben abnehmen.

In ca. 50 (52/54) cm Höhe die restlichen 18 (20/23) Schulter-M stilllegen.

Über die stillgelegten 80 (85/91) M das Vorderteil ebenso beenden, jedoch in ca. 42 (44/46) cm Höhe für den Halsausschnitt die mittleren 24 (25/25) M stilllegen, beidseitig davon in jeder 2. R 5 x 1 M abnehmen.

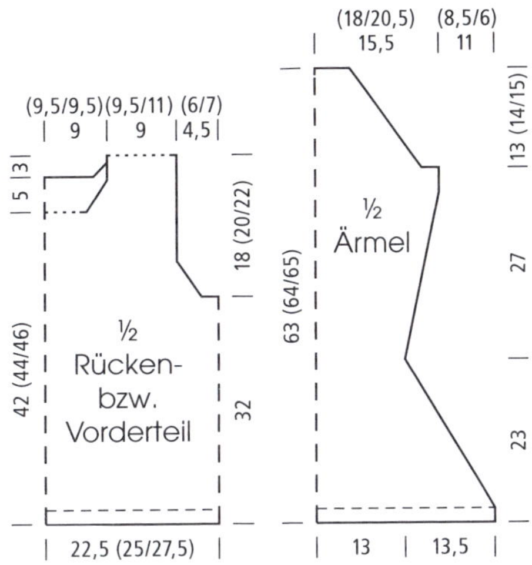

ÄRMEL

Für den 1. Ärmel 102 M mit 2 Fäden in Marine und Nadeln Nr. 3,5–4 anschlagen und 1 Rückr linke M, dann 6 R kraus rechts stricken. Nun mit 1 Faden in Wollweiß glatt rechts str. In der 12. R für den Trompetenärmel wie folgt str: Randm, * 1 Überzug (= 1 M rechts abheben, 1 M rechts stricken und die abgehobene M überziehen), 16 M stricken, 2 M rechts zusammenstricken, ab * 4 x wiederholen, Randm. Diese Abnahmen in jeder 12. R 3 x und nach weiteren 6 R noch 1 x wiederholen, dabei nach jeder Abnahme-R die 16 M um 2 M verringern = 52 M.

In 23 cm Höhe die 80 R der Streifenfolge, dann in Wollweiß str. Dabei für die Ärmelschrägungen beidseitig in jeder 10. R 5 x 1 M (in jeder 6. R 9 x 1 M/in jeder 6. R 6 x 1 M und in jeder 4. R 8 x 1 M) zunehmen = 62 (70/80) M.

Zugleich in ca. 50 cm Höhe, nach 73 R in der Streifenfolge bzw. nach 4 R in Wollweiß, für die Armkugel beidseitig 1 x 4 (6/8) M abketten, dann in jeder 2. R 16 (18/20) x 1 M wie beschrieben abnehmen. Danach die restlichen 22 (22/24) M gerade abketten. Den 2. Ärmel ebenso stricken.

ZU GUTER LETZT

Die Teile spannen und unter feuchten Tüchern trocknen lassen. Die M der Schultern im Maschenstich verbinden. Die Ärmelnähte schließen, die Ärmel einnähen.

Für die Halsausschnittblende mit der kurzen Rundstricknadel und 2 Fäden in Marine die stillgelegten 24 (25/25) M rechts stricken, dazu ca. 70 (71/71) M aufnehmen = ca. 94 (96/96) M. Nun 3 Rd glatt rechts stricken, dann alle M abketten.

Shades of *blue*

Das edle Garn mit Seidenanteil und Farbverlauf macht den besonderen Reiz dieses kurzärmeligen Pullis aus. Darum ist der hauchzarte Traum in sanften Türkis- und Blautönen auch locker-leicht gestrickt!

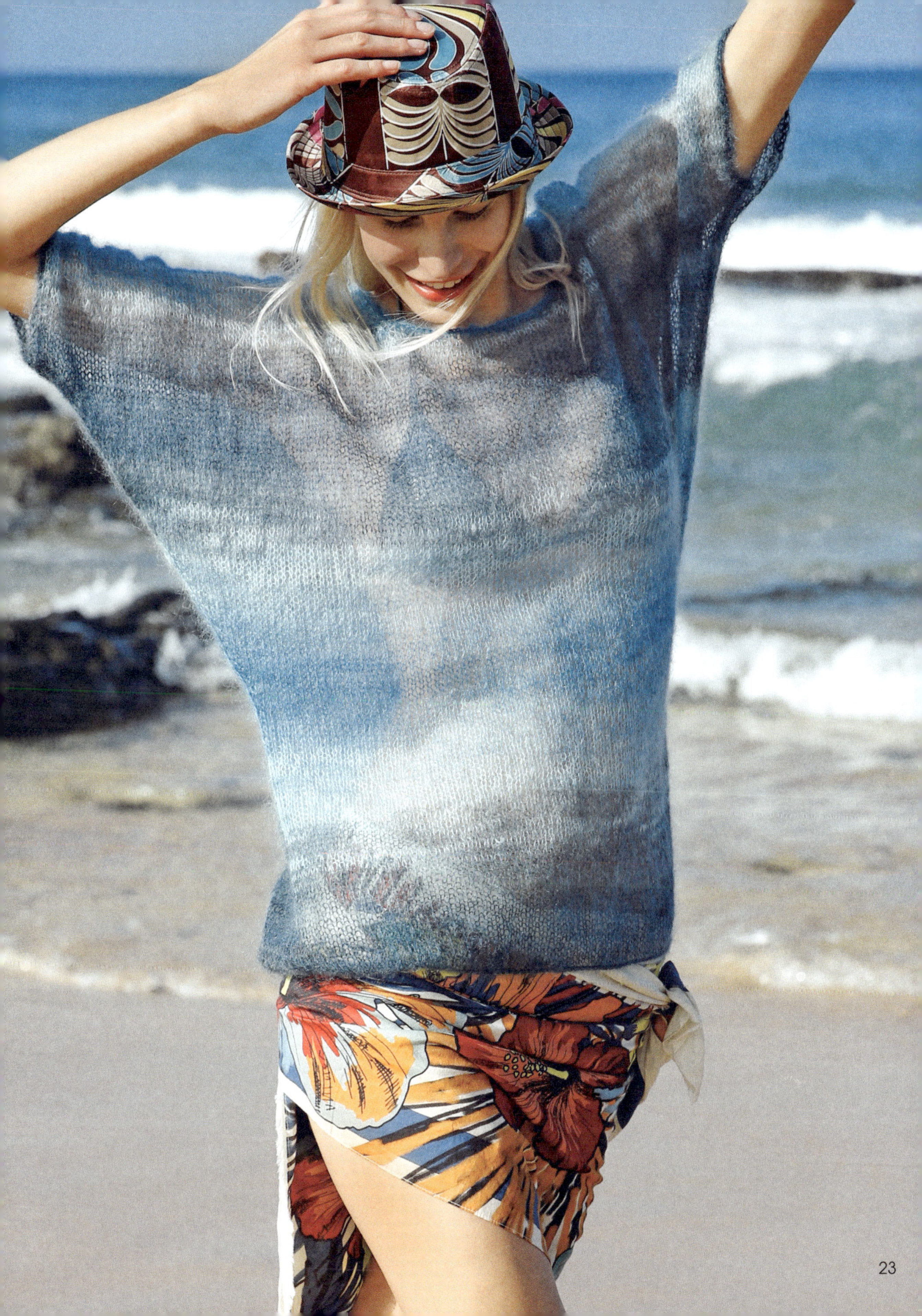

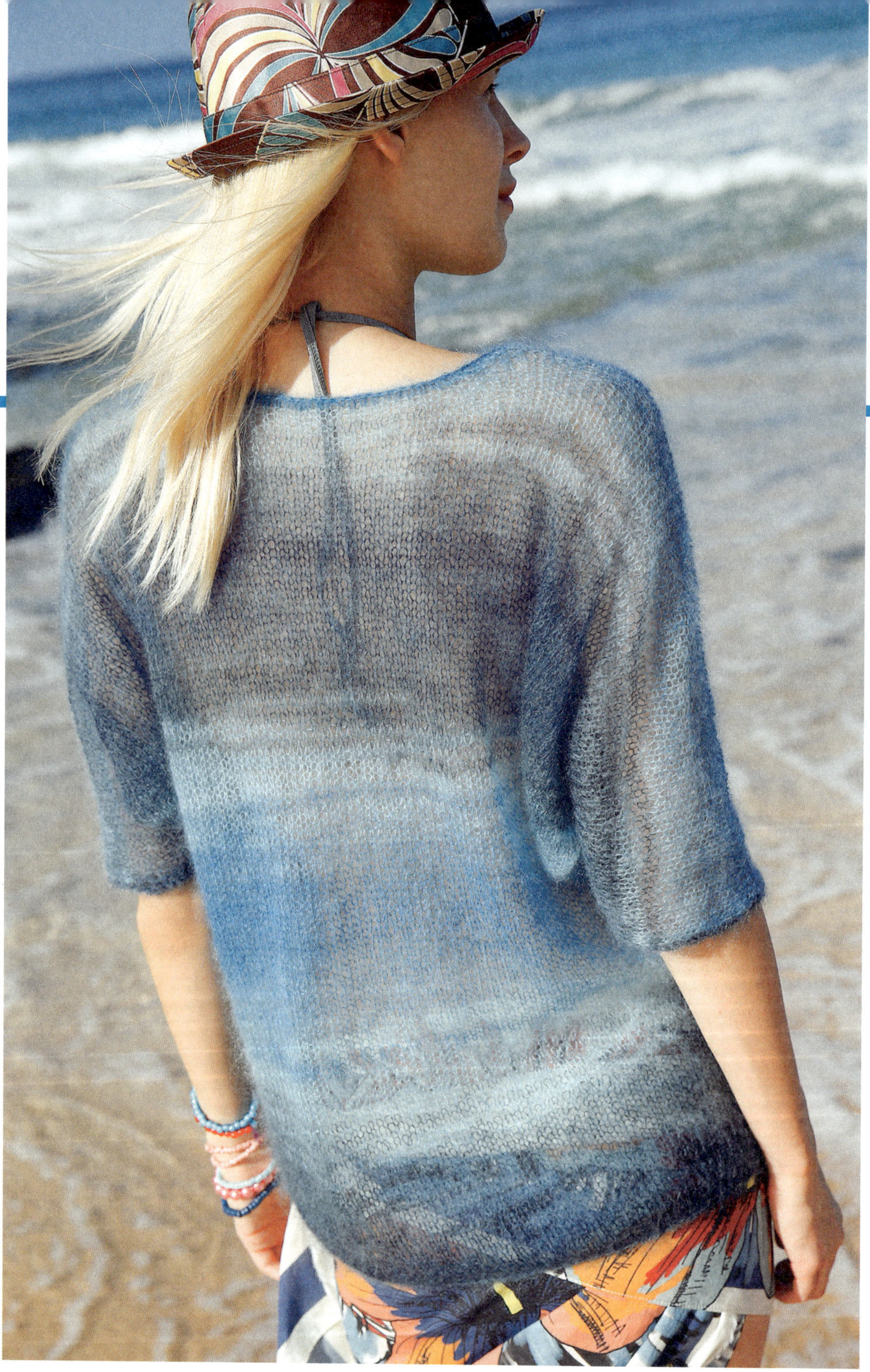

Shades of *blue*

Kurzärmeliger Fledermauspulli

GRÖSSE
36/38 (40/42) 44/46
Die Angaben für Größe 36/38 stehen vor der Klammer, die Angaben für Größe 40/42 in der Klammer vor dem Strich, die Angaben für Größe 44/46 in der Klammer nach dem Strich. Bei nur einer Angabe gilt diese für alle 3 Größen.

MATERIAL
ggh-Garn KIDSEDA (70 % Mohair, 30 % Seide; Lauflänge ca. 210 m/25 g)
75 (100/100) g in Türkisblaumeliert **(Fb 203)**
Stricknadeln Nr. 5–5,5,
Rundstricknadel Nr. 5–5,5 in 40 cm Länge

MASCHENPROBE
Mit Nadeln Nr. 5–5,5 glatt rechts gestrickt, ergeben 16 M und 21 R 10 x 10 cm.

MUSTER
Glatt rechts
In Hinr rechte M, in Rückr linke M stricken.

Bündchenmuster
2 M rechts, 2 M links im Wechsel

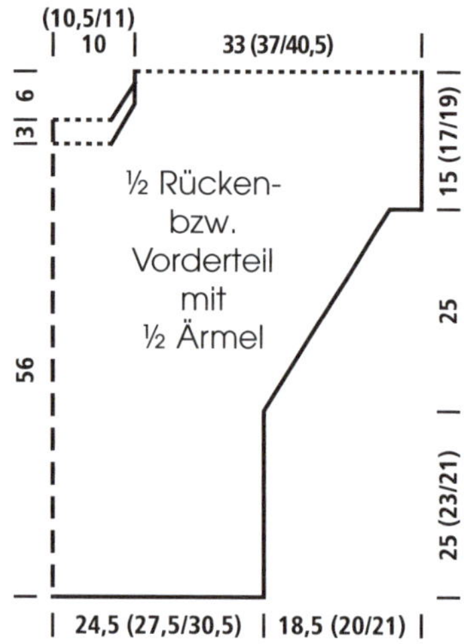

ANLEITUNG

Hinweis: Beim Anschlagen der M darauf achten, dass beide Teile mit der gleichen Stelle des Farbverlaufs beginnen.

RÜCKENTEIL

80 (90/100) M mit 2 Fäden anschlagen, dann mit 1 Faden weiterarbeiten und 1 Rückr linke M, danach glatt rechts stricken. In 25 (23/21) cm Höhe beidseitig 1 x 1 M, dann in jeder 2. R 24 x 1 M zunehmen; dafür jeweils 2 M von den Rändern entfernt 1 M rechts verschränkt aus dem Querfaden stricken. Danach beidseitig noch 1 x 5 (7/9) M neu anschlagen = 140 (154/168) M.

In 59 cm Höhe für den Halsausschnitt die mittleren 20 (22/24) M stricken und stilllegen, beidseitig davon in jeder 2. R 5 x 1 M abnehmen. Dafür bei der rechten Seite bis 4 M vor den Ausschnitt stricken, dann 2 M rechts zusammenstricken, 1 M rechts, Randm; bei der linken Seite Randm und 1 M rechts stricken, dann 1 Überzug arbeiten (=1 M rechts abheben, 1 M rechts stricken und die abgehobene M überziehen).

In 65 cm Höhe die verbleibenden 55 (61/67) M stilllegen.

VORDERTEIL

Wie das Rückenteil stricken, jedoch den Halsausschnitt bereits in 56 cm Höhe wie beim Rückenteil stricken.

ZU GUTER LETZT

Zuerst die M der Schultern im Maschenstich verbinden. Das Teil spannen und unter feuchten Tüchern trocknen lassen. Für die Halsblende mit der Rundstricknadel und 2 Fäden die stillgelegten M rechts stricken, dazwischen je 20 M aufnehmen = 80 (84/88) M. In der folgenden Rd die M abketten.
Aus den äußeren Ärmelkanten jeweils mit 2 Fäden ca. 45 (50/55) M aufnehmen; in der Rückr die M abketten, dabei links stricken.
Die Ärmel- und Seitennähte schließen.

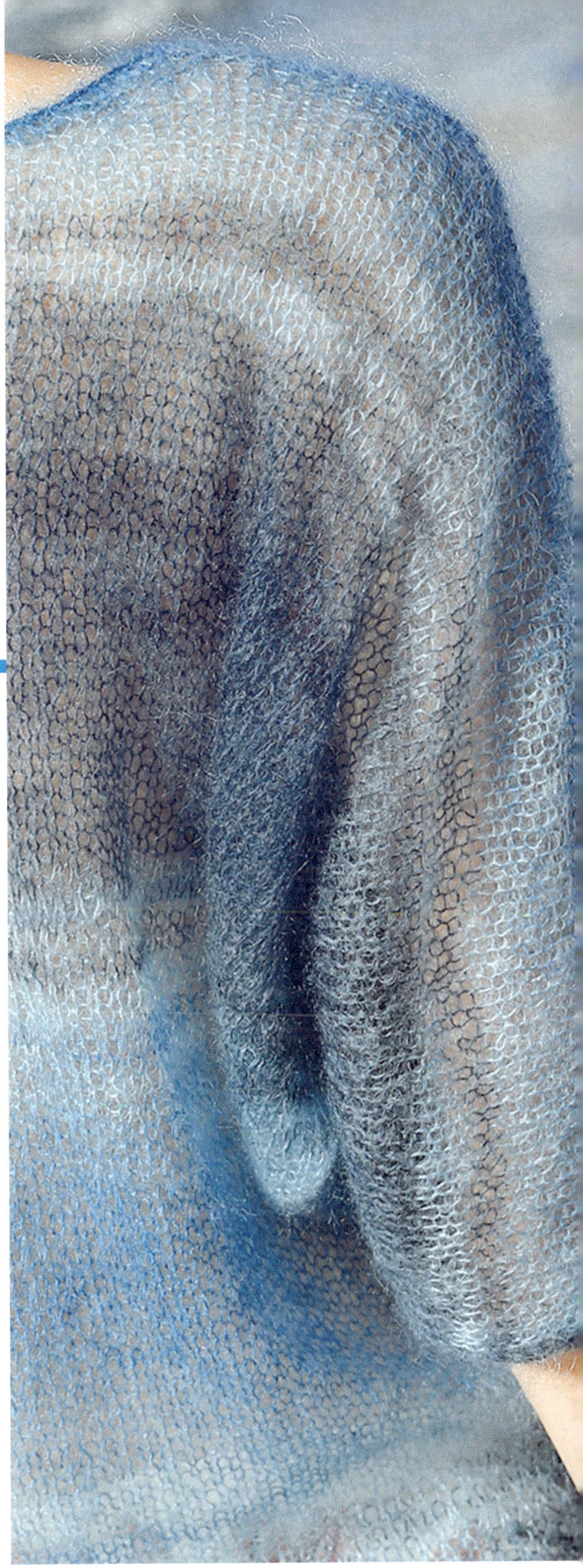

Sanfte *Brise*

Transparent und schwerelos wie eine Wolke umschmeichelt dieser mit doppeltem Faden glatt rechts gestrickte, übergroße Mantel sanft die Figur. Seine breiten Blenden und ein großzügiger Kragen machen ihn aber auch zum idealen Begleiter bei auffrischender Brise.

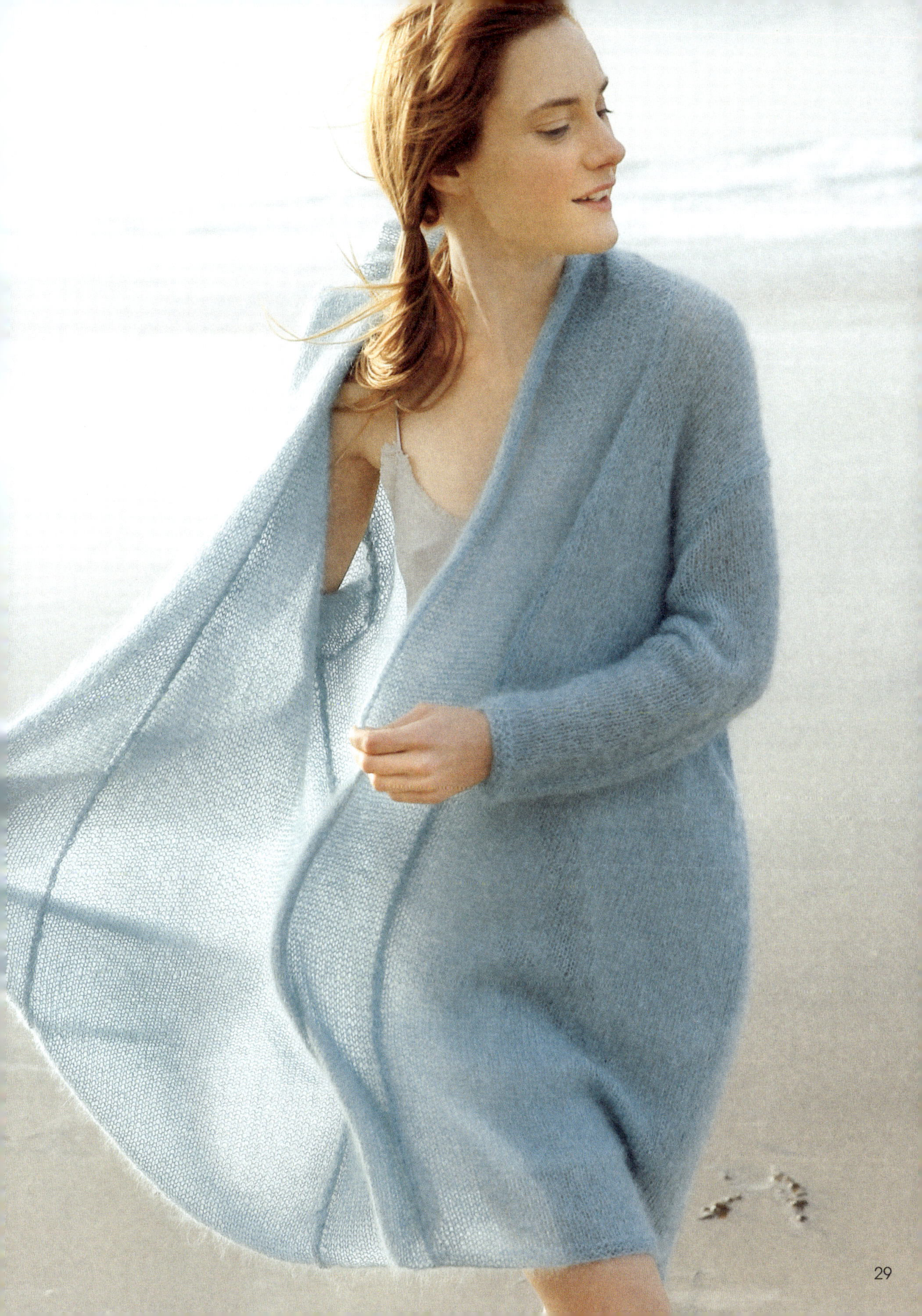

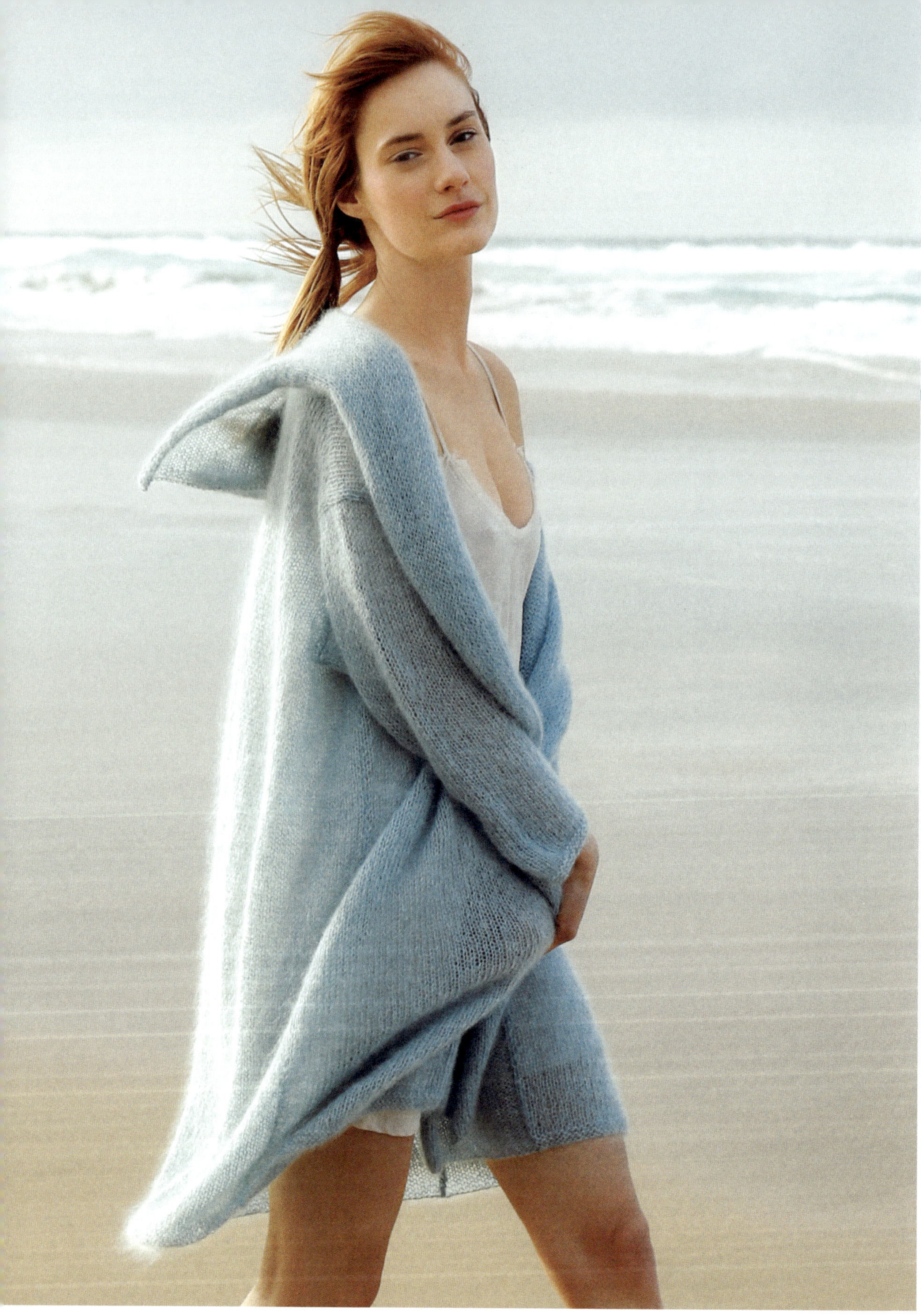

Sanfte Brise

Weiter Mantel mit Kragen

GRÖSSE

36–40 (42–48)
Die Angaben für Größe 36–40 stehen vor der Klammer, die Angaben für Größe 42–48 in der Klammer. Bei nur einer Angabe gilt diese für beide Größen.

MATERIAL

ggh-Garn KID (65 % Mohair, 5 % Schurwolle, 30 % Polyamid; Lauflänge ca. 250 m/25 g)
250 (300) g in Schimmerndes Glas **(Fb 120)**
Stricknadeln Nr. 4–4,5 und 4,5–5
Rundstricknadel Nr. 4–4,5 in 40 cm Länge

MASCHENPROBE

Mit Nadeln Nr. 4,5–5 zweifädig glatt rechts gestrickt ergeben 15–16 M und 24 R 10 x 10 cm.

MUSTER

Glatt rechts
In Hinr rechte M, in Rückr linke M stricken.

Glatt links
In Hinr linke M, in Rückr rechte M stricken.

Abnahmen
Am R-Anfang nach der Randm 2 M rechts zusammenstricken; am R-Ende bis vor die letzten 3 M stricken, dann mit 1 Überzug (= 1 M rechts abheben, 1 M rechts stricken und die abgehobene M überziehen) und der Randm enden.

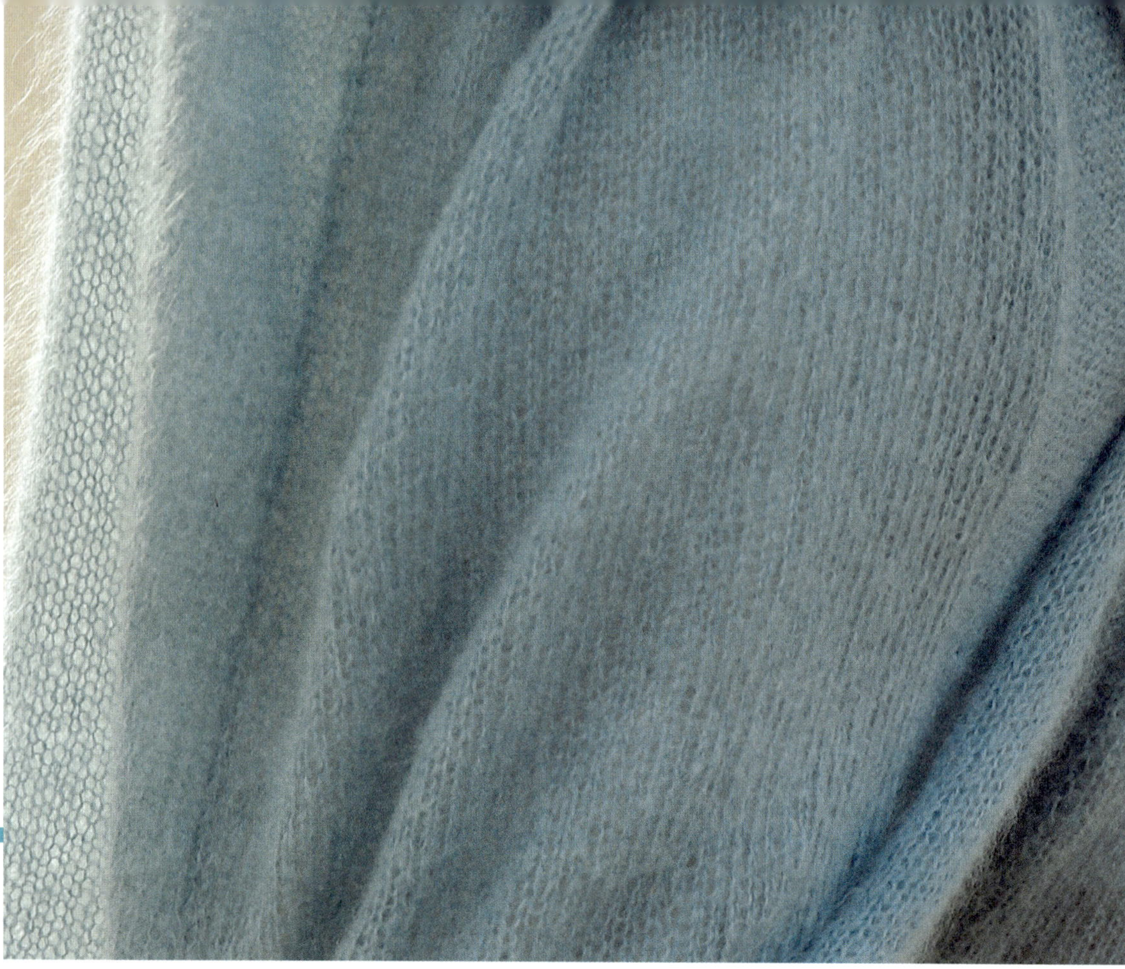

ANLEITUNG

Hinweis: Der Mantel wird durchgehend zweifädig gestrickt.

RÜCKENTEIL

108 (120) M mit Nadeln Nr. 4–4,5 und 2 Fäden anschlagen und 5 R rechte M stricken, dabei mit 1 Rückr beginnen.

Weiter mit Nadeln Nr. 4,5–5 glatt rechts str.

In 64 (62) cm Höhe für die Armausschnitte beidseitig 1 x 7 (10) M abketten, dann in jeder 2. R 6 x 1 M und in jeder 4. R 3 x 1 M wie beschrieben abnehmen = 76 (82) M.

In 81 cm Höhe für die Schulterschrägungen beidseitig 1 x 3 (4) M und in jeder 2. R 7 x3 M (6 x 3 und 1 x 4 M), dann die restlichen 28 (30) M für den Halsausschnitt gerade abketten.

LINKES VORDERTEIL

Ohne Schulterschrägung stricken. 49 (55) M mit Nadeln Nr. 4,5–5 und 2 Fäden anschlagen und 5 R rechte M stricken, dabei mit 1 Rückr beginnen.

Nun weiter mit Nadeln Nr. 4,5–5 glatt rechts arbeiten.

In 60 cm Höhe an der linken Kante für die Ausschnittschrägung 1 x 1 M, dann in jeder 4. R 8 (9) x 1 M wie beschrieben abnehmen. Zugleich in 64 (62) cm Höhe an der rechten Kante den Armausschnitt wie beim Rückenteil stricken. In 88 cm Höhe die restlichen 24 (26) Schulter-M gerade abketten.

RECHTES VORDERTEIL

Gegengleich zum linken Vorderteil stricken.

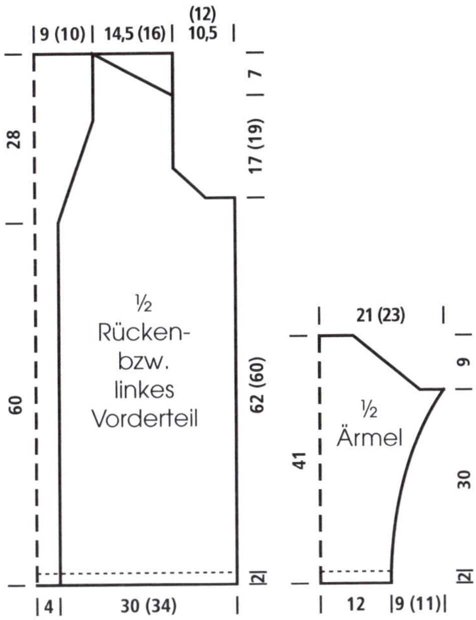

ÄRMEL

40 M mit Nadeln Nr. 4–4,5 und 2 Fäden anschlagen und 5 R rechte M stricken, dabei mit 1 Rückr beginnen.

Weiter mit Nadeln Nr. 4,5–5 glatt rechts stricken. Dabei für die Ärmelschrägungen beidseitig nach 24 (18) R 1 x 1 M, dann in jeder 6. R 4 x 1 M, in jeder 4. R 2 x 1 M und in jeder 2. R 7 (10) x 1 M zunehmen = 68 (74) M. In 32 cm Höhe für die Armkugel beidseitig 1 x 7 (10) M und in jeder 2. R 10 x 2 M, dann die restlichen 14 M abketten.

Den 2. Ärmel ebenso stricken.

BLENDEN MIT KRAGEN

Für eine Blende 30 M mit Nadeln Nr. 4,5–5 und 2 Fäden anschlagen und glatt links stricken. In 88 cm Höhe, in der Länge leicht gedehnt gemessen, die M stilllegen. Die 2. Blende ebenso stricken.

Nun die M der 2. Blende stricken, dann für den rückwärtigen Kragen 30 (34) M neu anschlagen und die 30 M der 1. Blende stricken = 90 (94) M. Weiter über alle M glatt links stricken.

In ca. 22 cm Kragenhöhe über alle M noch 6 R rechte M stricken, dann die M abketten.

ZU GUTER LETZT

Die Teile spannen und unter feuchten Tüchern trocknen lassen.

Alle Nähte schließen, die Ärmel einnähen. Blenden und Kragen annähen, sodass die glatt linke Seite der Blenden außen liegt.

Swinging *Symphony*

Das leichte, in der Farbe des Meeres schimmernde Sommerkleid wird bis zu den Armausschnitten in einem Stück gearbeitet. Der doppelt genommene Faden beim Oberteil garantiert Blickdichte, der mit einfachem Faden gestrickte Rock fällt so locker, als wäre es aus feinem Stoff.

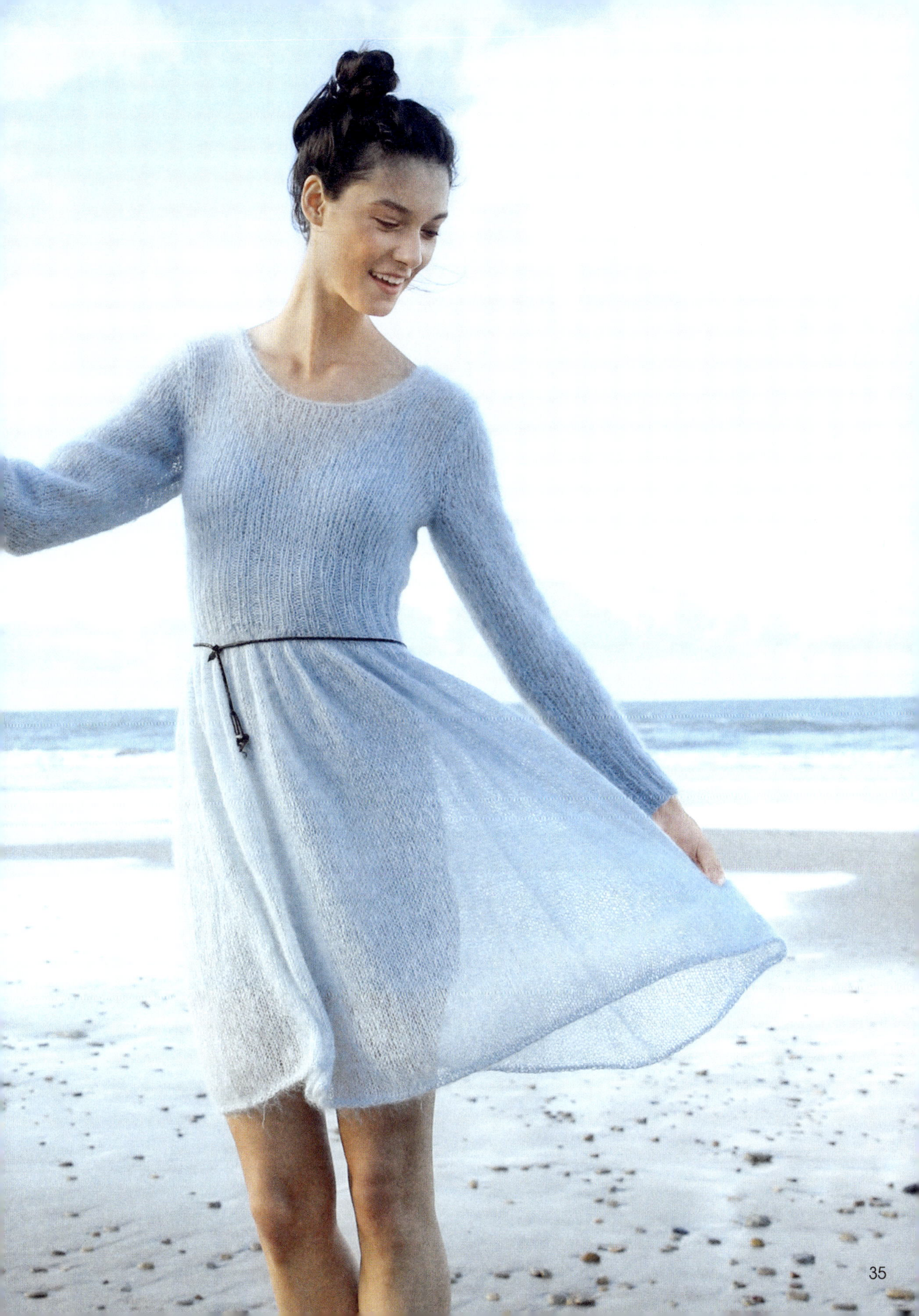

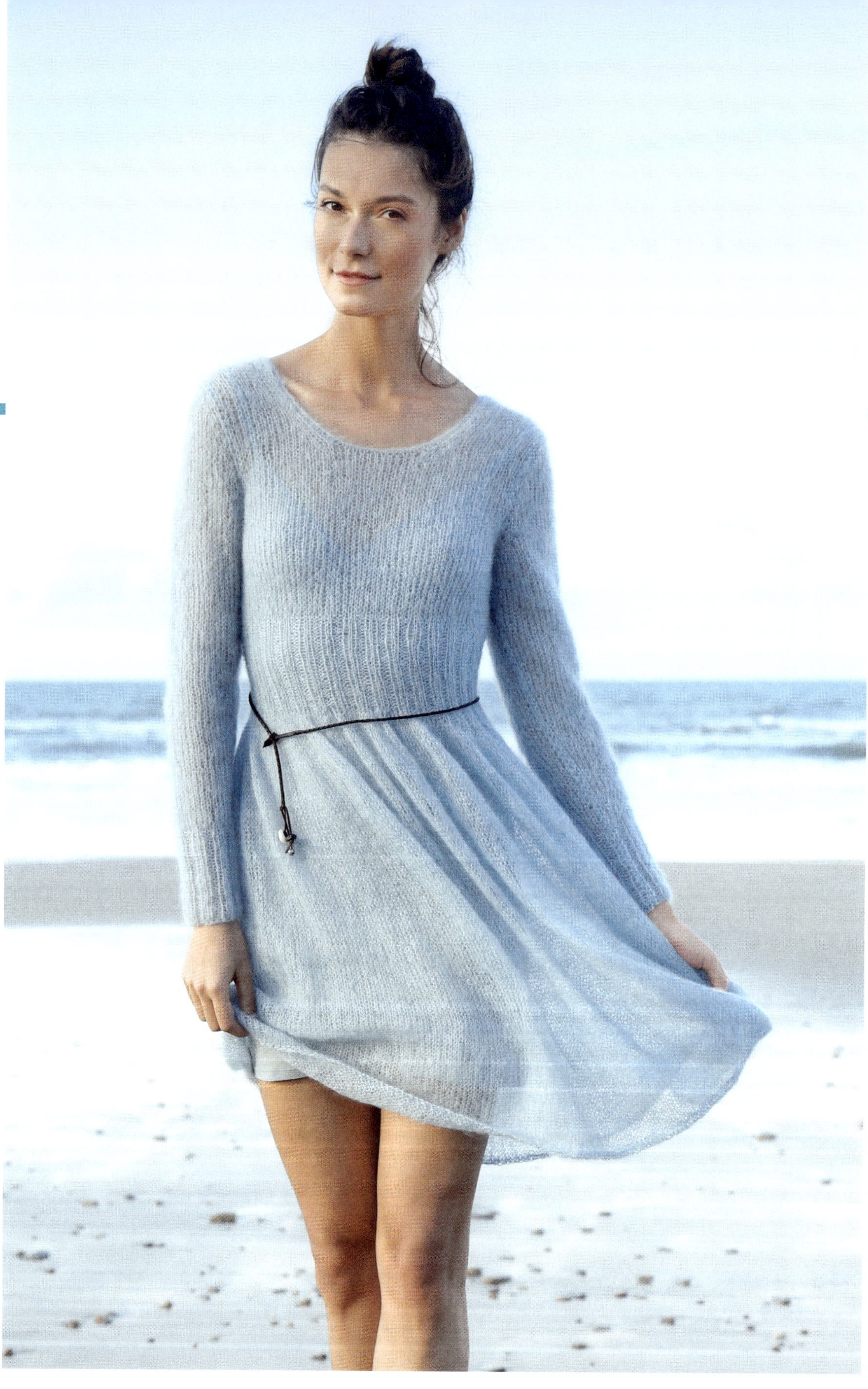

Swinging Symphony

Kleid mit weitem Rock

GRÖSSE

34/36 (38/40) 42/44
Die Angaben für Größe 34/36 stehen vor der Klammer, die Angaben für Größe 38/40 in der Klammer vor dem Strich, die Angaben für Größe 42/44 in der Klammer nach dem Strich. Bei nur einer Angabe gilt diese für alle 3 Größen.

MATERIAL

ggh-Garn KID (65 % Mohair, 5 % Schurwolle, 30 % Polyamid; Lauflänge ca. 250 m/25 g)
175 (175/200) g in Schimmerndes Glas **(Fb 120)**
Stricknadeln Nr. 3,5–4 und 4,5–5
Rundstricknadel Nr. 3,5–4 in 60 cm Länge
Rundstricknadel 4,5–5 in 100 cm und 60 (60/80) cm Länge

MASCHENPROBE

Mit Nadeln Nr. 4,5–5 und 1 Faden glatt rechts gestrickt, ergeben 16–17 M und 23 Rd/R 10 x 10 cm; mit Nadeln Nr. 4,5–5 und 2 Fäden glatt rechts gestrickt ergeben 15 M und 21–22 Rd/R = 10 x 10 cm.

MUSTER

Glatt rechts
In Hinr rechte M, in Rückr linke M stricken; in Rd nur rechte M stricken.

Bündchenmuster
2 M rechts, 2 M links im Wechsel stricken.

Abnahmen
Am R-Anfang Randm und 1 M rechts stricken, dann 2 M rechts zusammenstricken; am R-Ende bis vor die letzten 4 M stricken, dann 1 Überzug arbeiten (= 1 M rechts abheben, 1 M rechts str und die abgehobene M überziehen) und mit 1 M rechts und der Randm enden.

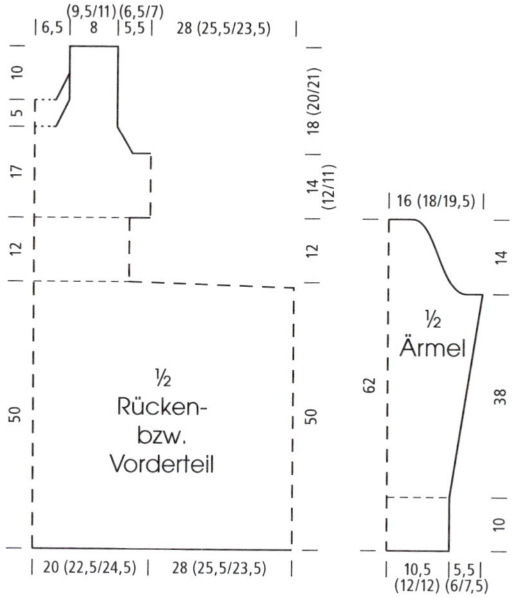

ANLEITUNG

Hinweis: Der Rock des Kleids wird einfädig, Oberteil und Ärmel sind zweifädig gestrickt.

KLEID

Bis zu den Armausschnitten in einem Stück str. Die Rundstricknadeln der M-Zahl entsprechend einsetzen.

320 M mit Nadel Nr. 4,5–5 und 2 Fäden anschlagen, dann mit 1 Faden in Rd glatt re str. In 49 cm Höhe 40 x jede 7. und 8. M (40 x jede 7. und 8. M/20 x jede 15. und 16. M) rechts zusammenstricken = 280 (280/300) M. In der folgenden Rd immer 2 M rechts zusammenstricken = 140 (140/150) M.

Nun mit 2 Fäden weiterarbeiten. Zuerst mit Nadel Nr. 3,5–4 im Bündchenmuster stricken, dabei in der 1. Rd verteilt 20 (4/2) M abnehmen (= je 2 M mustergemäß zusammenstricken) = 120 (136/148) M.

In 62 cm Höhe mit Nadel 4,5–5 glatt rechts stricken.

In 76 (74/73) cm Höhe die Armausschnitte beginnen. Dafür vom Rd-Wechsel aus 57 (64/69) M stricken, 6 (8/10) M abketten, 54 (60/64) M stricken und stilllegen und 6 (8/10) M abketten. Über die folgenden 54 (60/64) M das Rückenteil beenden, dabei für die Armausschnitte beidseitig in jeder 2. R 4 (5/5) x 1 M wie beschrieben abnehmen = 46 (50/54) M.

In 79 cm Höhe für den Halsausschnitt die mittleren 10 M stilllegen, beidseitig davon in jeder 2. R 4 x 1 M wie beschrieben abnehmen. In 94 cm Höhe die verbleibenden 14 (16/18) Schulter-M gerade abketten.

Über die stillgelegten 54 (60/64) M das Vorderteil ebenso str, jedoch den Halsausschnitt erst in 84 cm Höhe wie beim Rückenteil beschrieben arbeiten.

ÄRMEL

34 (38/38) M mit 2 Fäden anschlagen und 12 cm im Bündchenmuster stricken.

Weiter glatt rechts stricken, dabei für die Ärmelschrägungen beidseitig in jeder 8. R 8 (9/5) x 1 M und in jeder 6. R 0 (0/6) x 1 M zunehmen = 50 (56/60) M.

In 48 cm Höhe für die Armkugel beidseitig 1 x 4 (5/6) M abketten, dann in jeder 2. R 4 x 1 M, in jeder 4. R 3 x 1 M und in jeder 2. R 4 x 1 M wie beschrieben abnehmen, danach die restlichen 20 (24/26) M gerade abketten.

Den 2. Ärmel ebenso stricken.

ZU GUTER LETZT

Die Teile spannen und unter feuchten Tüchern trocknen lassen. Die Schulter- und Ärmelnähte schließen, die Ärmel einnähen. Für die Halsausschnittblende mit Nadel Nr. 3,5–4 und 2 Fäden die stillgelegten je 10 M rechts stricken, dazu je 42 M aufnehmen = 104 M und 1 Rd rechts stricken. Dann die M abketten, dabei rechts stricken.

Orange

wie Sommer und
Sonnenuntergang

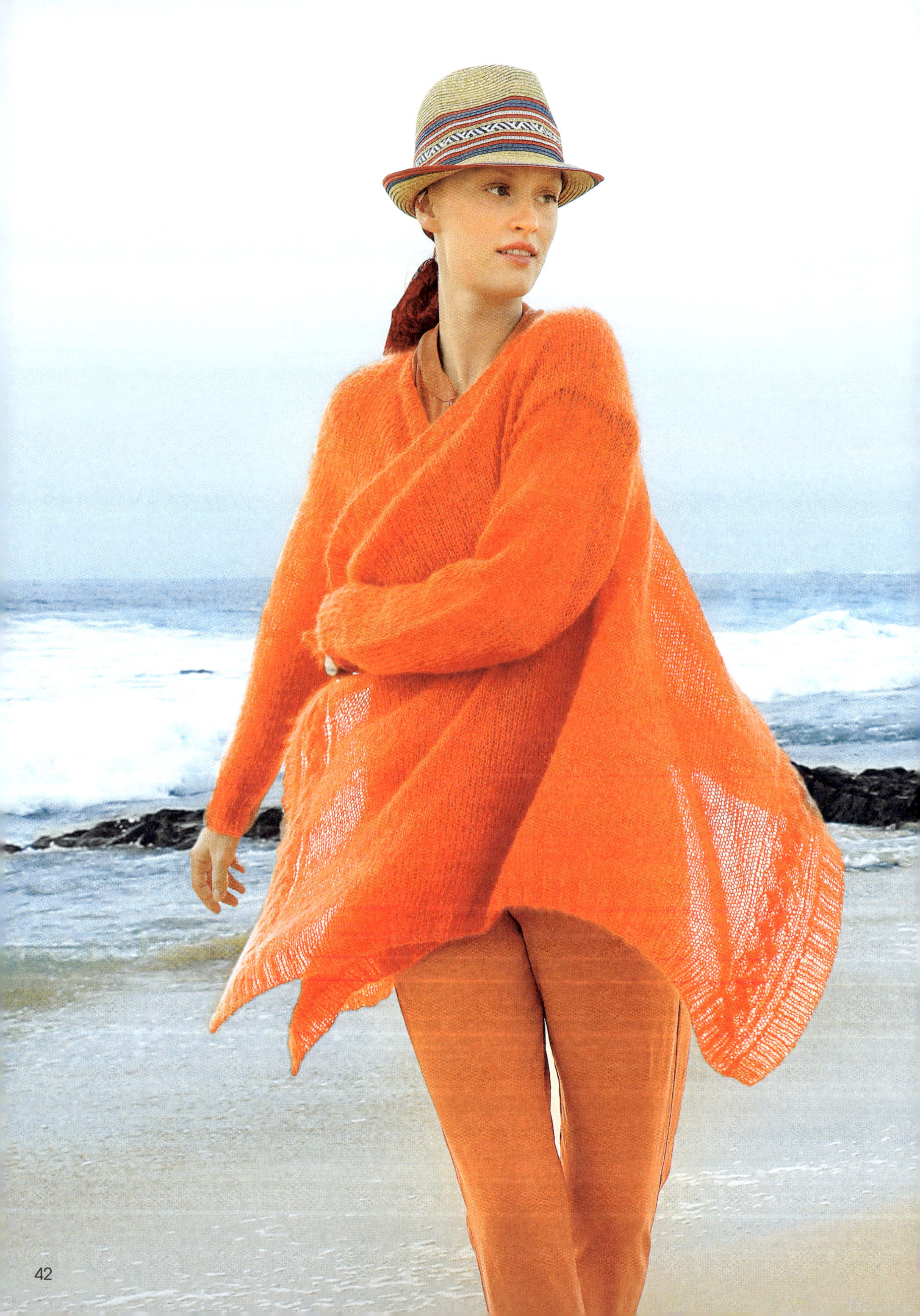

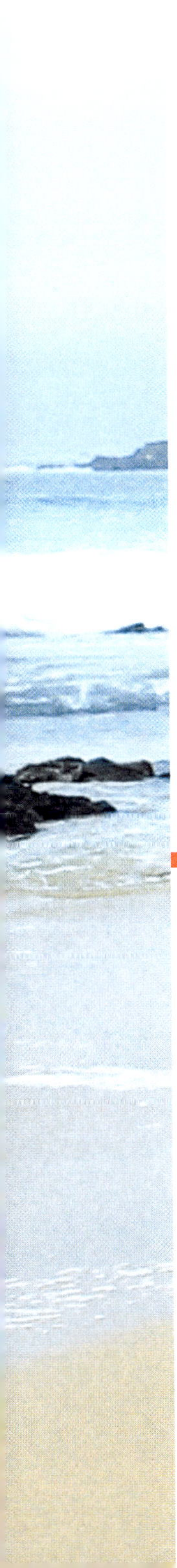

Schwungvoller *Auftritt*

Liegt es an der knallroten Farbe oder der bezaubernd luftigen Silhouette? Ganz egal, die quer gestrickte Jacke mit Raglanärmeln und Zopfmusterbordüre sorgt so oder so für einen spektakulären Auftritt.

Schwungvoller *Auftritt*

Jacke mit Raglanärmeln

GRÖSSE

34–40 (42–48)
Die Angaben für Größe 34–40 stehen vor der Klammer, die Angaben für Größe 42–48 in der Klammer. Bei nur einer Angabe gilt diese für beide Größen.

MATERIAL

ggh-Garn KID (65 % Mohair, 5 % Schurwolle, 30 % Polyamid; Lauflänge ca. 250 m/25 g)
300 (350) g in Herbstorange **(Fb 149)**
Stricknadeln Nr. 4,5–5 und 5–5,5
Rundstricknadel Nr. 4,5–5 in beliebiger Länge.

MASCHENPROBE

Mit Nadeln Nr. 5–5,5 und 2 Fäden glatt rechts gestrickt, ergeben 14 M und 22 R = 10 x 10 cm. Die 16 M Zopfmuster sind ca. 6,5 cm breit.

MUSTER

Glatt rechts
In Hinr rechte M, in Rückr linke M stricken.

Bündchenmuster
2 M rechts, 2 M links im Wechsel stricken.

Zopfmuster
Siehe Schema. Es sind nur die Hinr gezeichnet; in den Rückr die M stricken, wie sie erscheinen. Nach der 1. und 2. R die 3. bis 10. R stets wiederholen.

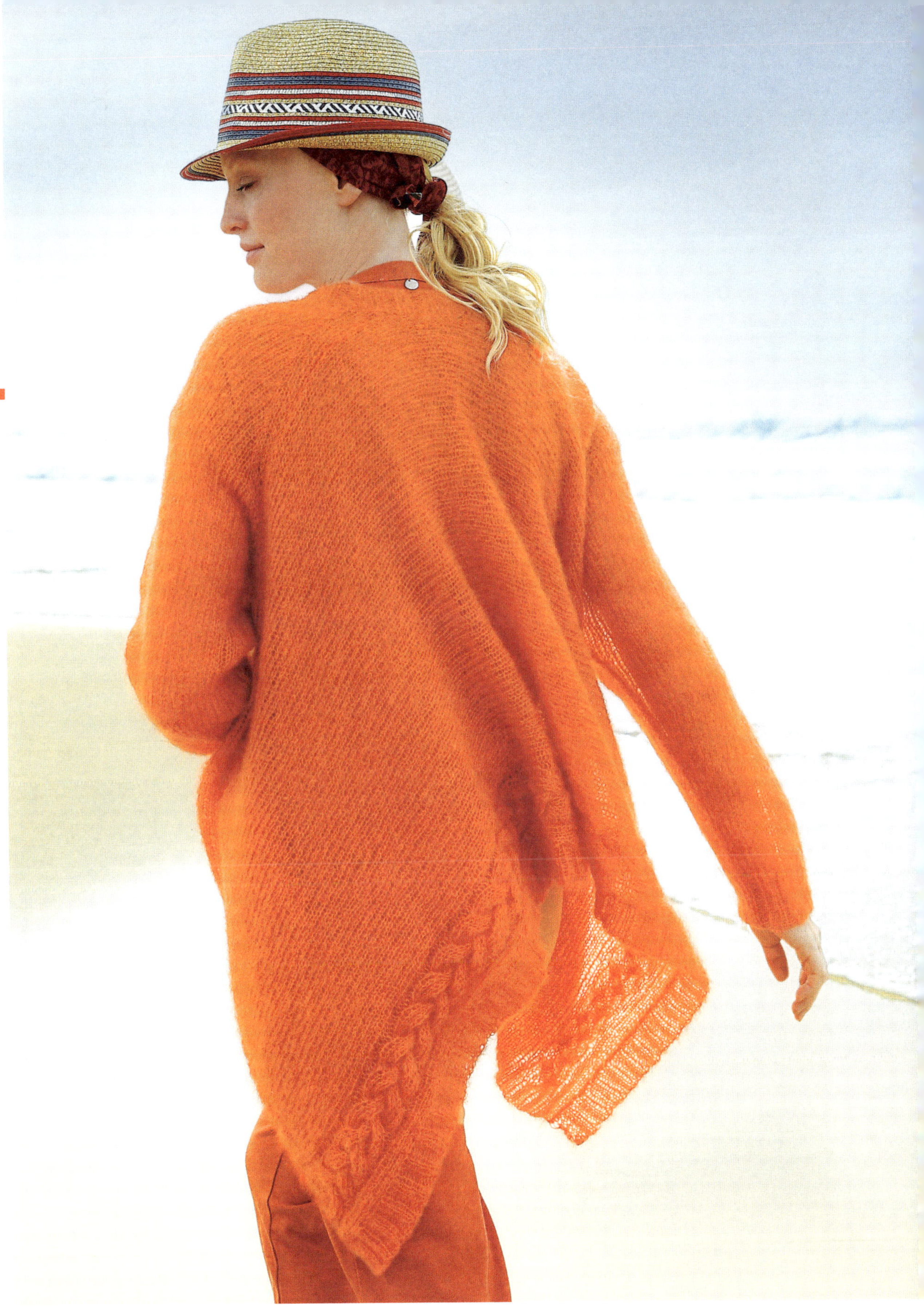

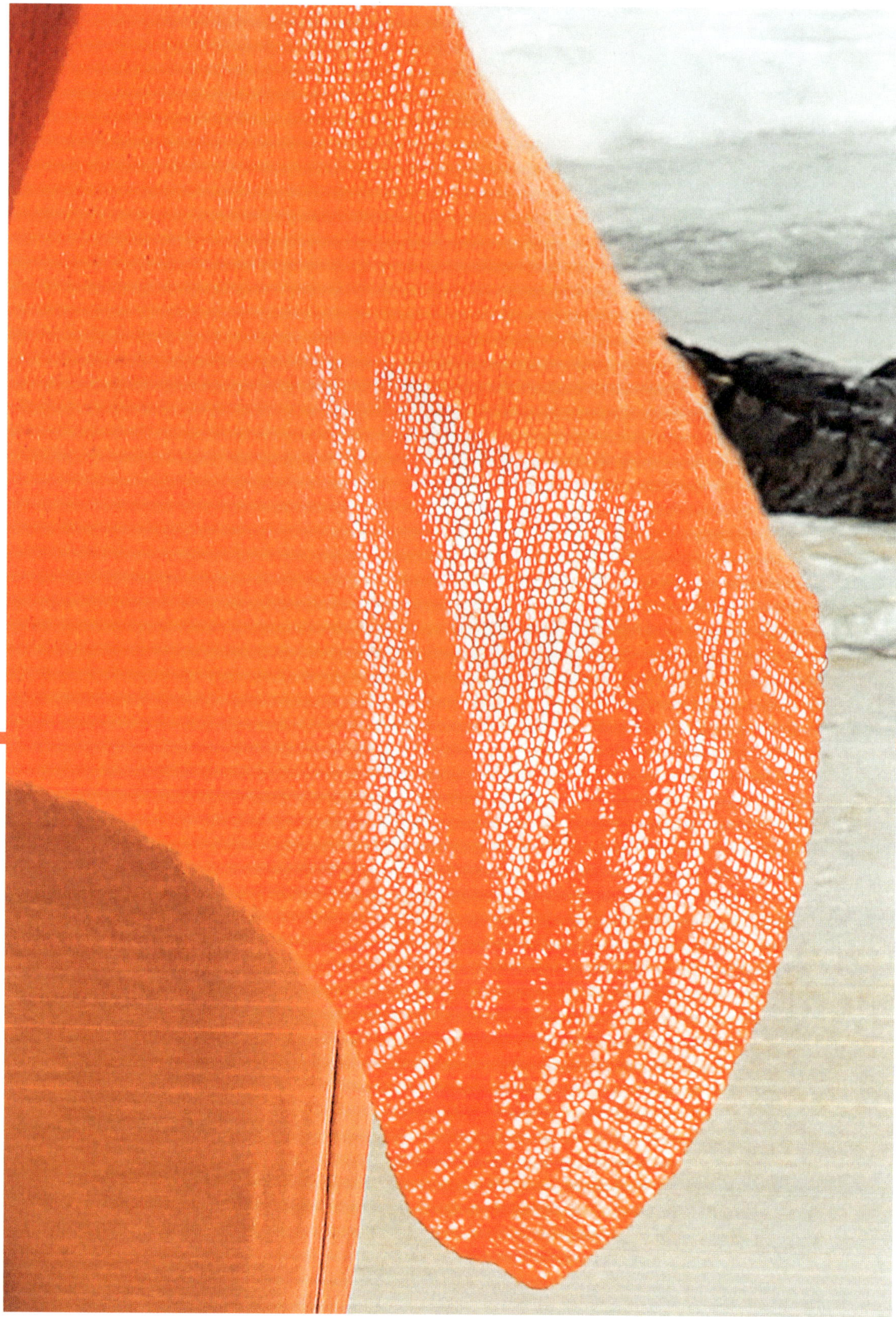

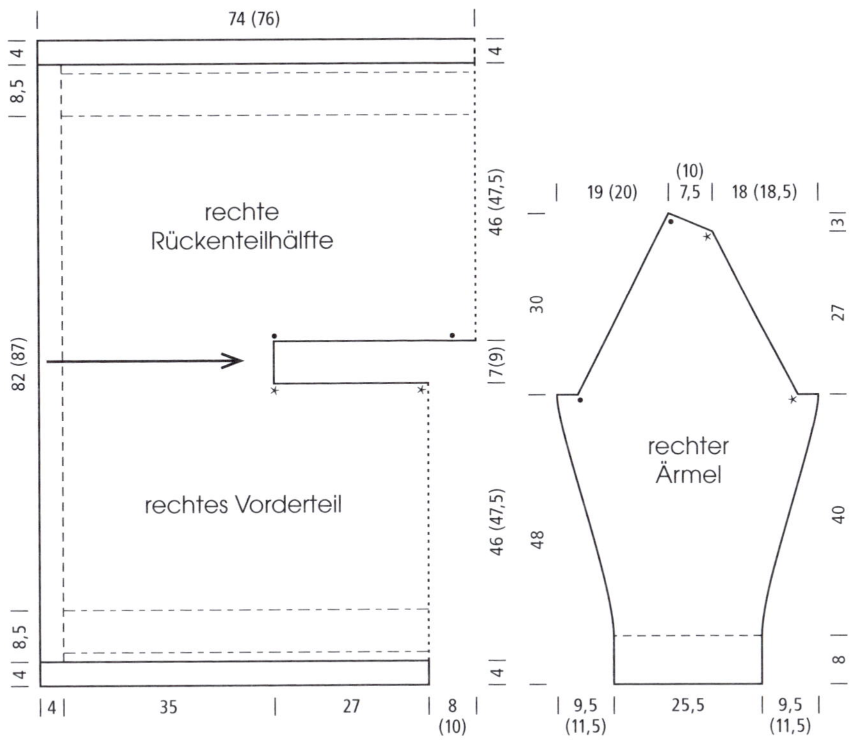

ANLEITUNG

Hinweis: Die Jacke wird zweifädig gestrickt.

RECHTE JACKENHÄLFTE

In einem Stück quer stricken. 150 (158) M mit 2 Fäden und Nadeln Nr. 4,5–5 anschlagen und im Bündchenmuster stricken, dabei die 1. Rückr mit Randm und 3 M links beginnen, dann 2 M rechts, 2 M links im Wechsel stricken und mit 2 M rechts, 3 M links, Randm enden.

In 4 cm Höhe weiter mit Nadeln Nr. 5–5,5 wie folgt stricken: Randm, 3 M glatt rechts, 14 bzw. 16 M Zopfmuster, 114 (122) M glatt rechts, 14 bzw. 16 M Zopfmuster, 3 M glatt rechts, Randm = 154 (162) M nach der 1. R.

In 39 cm Höhe in einer Rückr für das Rückenteil 73 (76) M stricken und stilllegen, dann für den Armausschnitt 8 (10) M abketten.

Über die folgenden 73 (76) M für das rechte Vorderteil weiter gerade hoch stricken.

In 66 cm Höhe in einer Rückr oberhalb des Zopfmusters 2 x 2 M links zusammenstricken, danach die restlichen 71 (74) M stilllegen.

Über die 73 (76) M des Rückenteils weiterstricken. In 74 (76) cm Höhe die M stilllegen.

LINKE JACKENHÄLFTE

Gegengleich stricken.

Schema für das Zopfmuster

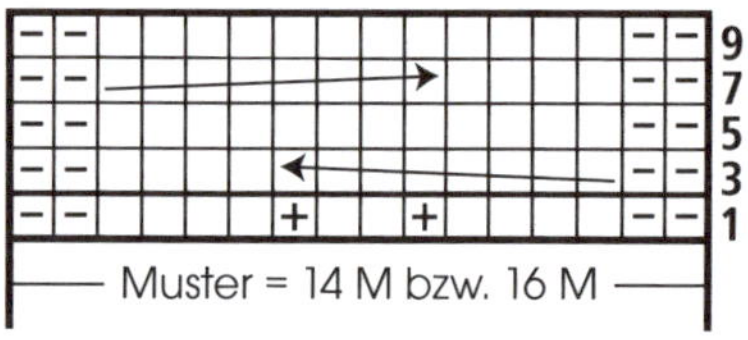

Zeichenerklärung

= 1 M links

= 1 M rechts

= 1 M rechts verschränkt aus dem Querfaden stricken

= 4 M auf einer Hilfsnadel vor die Arbeit legen, 4 M rechts, dann die M der Hilfsnadel rechts stricken

= 4 M mit einer Hilfsnadel hinter die Arbeit legen, 4 M rechts, dann die M der Hilfsnadel rechts stricken

UNTERE JACKENBLENDEN

Die je 73 (76) stillgelegten M der Rückenteilhälften im Maschenstich verbinden.

Mit der Rundstricknadel und 2 Fäden nacheinander aus den Seitenkanten der Vorderteile (im Schnittschema an der unteren Kante eingezeichnet) je 100 M, aus der Seitenkante des Rückenteils 224 (232) M aufnehmen und im Bündchenmuster str, die 1. Rückr jeweils mit Randm, 2 M links beginnen. In jeweils 4 cm Blendenhöhe die M abketten.

RECHTER ÄRMEL

38 M mit 2 Fäden und Nadeln Nr. 4,5–5 anschlagen und 7 cm im Bündchenmuster stricken.

Weiter mit Nadeln Nr. 5–5,5 glatt rechts stricken. Dabei für die Ärmelschrägungen beidseitig in jeder 8. R 6 (2) x 1 M, in jeder 6. R 4 (6) x 1 M und in jeder 4. R 3 (8) x 1 M zunehmen = 64 (70) M.

In 48 cm Höhe beidseitig für die Armausschnitte 1 x 5 (6) M abketten, dann für die Raglanschrägungen abwechselnd in jeder 2. und 4. R an der linken Kante (Rückenteil) 22 x 1 M, an der rechten Kante 20 x 1 M wie beschrieben abnehmen. Nach der letzten vorderen Abnahme an dieser Kante für den Halsausschnitt in jeder 2. R noch 2 x4 (5) M, dann die restlichen 4 (6) M abketten.

LINKER ÄRMEL

Gegengleich stricken.

ZU GUTER LETZT

Die Teile spannen und unter feuchten Tüchern trocknen lassen.

Die Ärmelnähte schließen, die Ärmel einnähen, siehe auch „•" und „*" im Schnittschema; die mittleren ca. 8 (10) cm des Rückenteils bleiben frei.

Für die vordere Blende mit der Rundstricknadel und 2 Fäden aus der unteren Blende des rechten Vorderteils 8 M aufnehmen, die ersten 2 stillgelegten M rechts zusammenstricken, 67 (70) M str, wie sie erscheinen, die letzten 2 M rechts verschränkt zusammenstricken = 77 (80) M; anschließend aus den Abkettkanten der Ärmel und des rückwärtigen Halsausschnitts 30 (40) M aufnehmen, die ersten 2 M des linken Vorderteils rechts zusammenstricken, 67 (70) M str, wie sie erscheinen, die letzten 2 M rechts verschränkt zusammenstricken, danach aus der Blende noch 8 M aufnehmen = 184 (200) M insgesamt.

Nun über alle M im Bündchenmuster str, die 1. Rückr mit Randm, 2 M links beginnen und mit 2 M links, Randm enden. In 4 cm Blendenhöhe die M abketten.

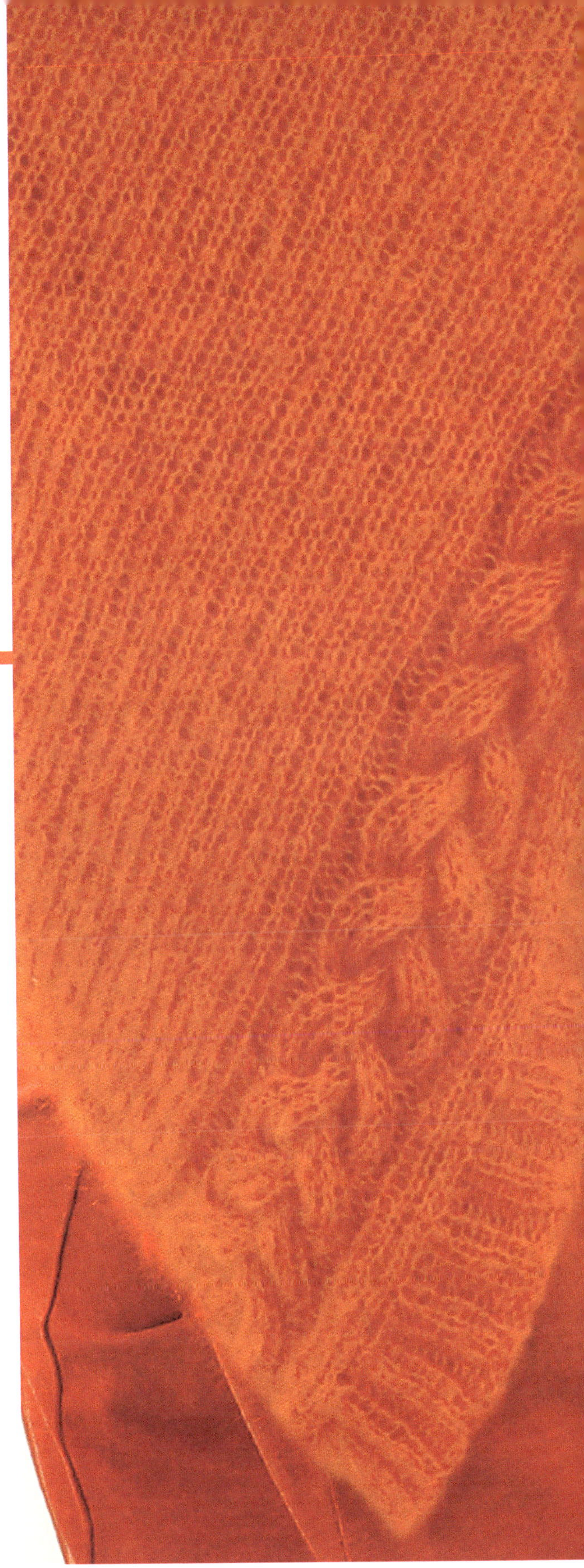

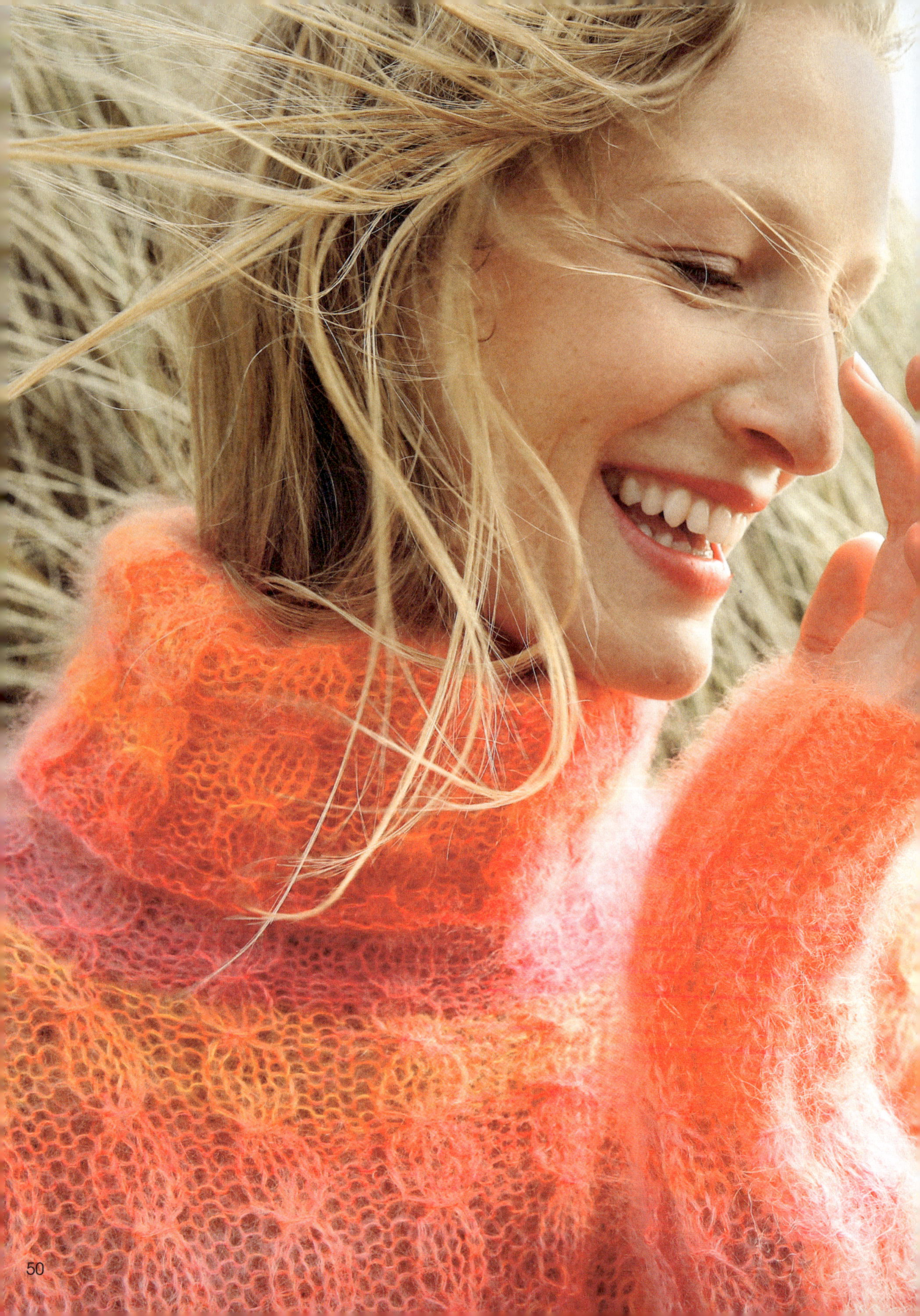

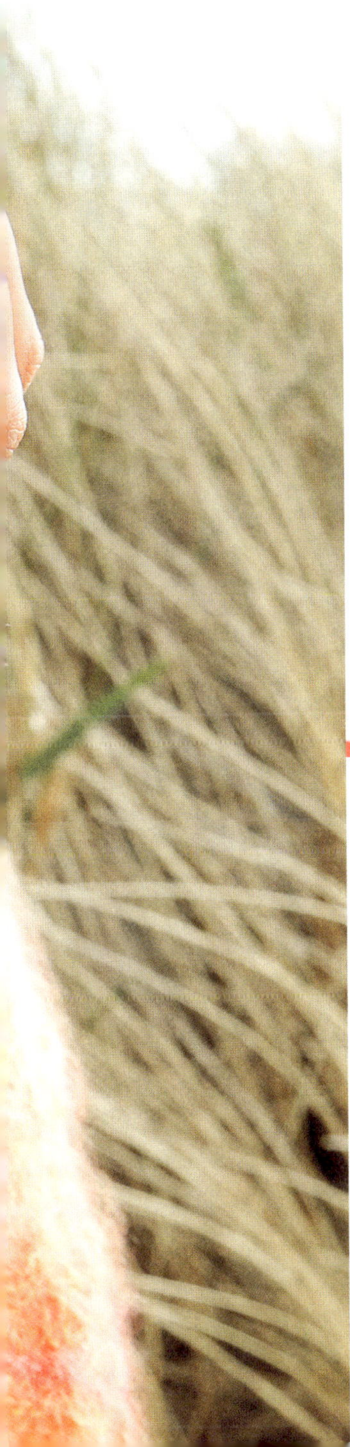

Mut zur Farbe

Rollkragenpullis haben immer Saison und halten auch dann warm, wenn der Sommer für eine kurze Zeit Pause macht. Der fröhlich-bunte Farbverlauf entsteht allein durch das Degradé-Garn und lässt die fehlenden Sonnenstrahlen vergessen.

Mut zur Farbe

Weiter Mohairpullover

GRÖSSE

34–38 (40–44) 46–50

Die Angaben für Größe 34–38 stehen vor der Klammer, die Angaben für Größe 40–44 in der Klammer vor dem Strich, die Angaben für Größe 46–50 in der Klammer nach dem Strich. Bei nur einer Angabe gilt diese für alle 3 Größen.

MATERIAL

ggh-Garn KIDSEDA (70 % Mohair, 30 % Seide, Lauflänge ca. 210 m/25 g)
225 (250/275) g in Pinkmeliert **(Fb 201)**
Stricknadeln Nr. 4,5–5 und Nr. 5–5,5

MASCHENPROBE

Mit Nadeln Nr. 5–5,5 und zweifädig im Grundmuster gestrickt, ergeben 17–18 M und 21 R = 10 x 10 cm.

MUSTER

Bündchenmuster

In Hinr 2 M rechts, 3 M links im Wechsel stricken; in Rückr die M stricken, wie sie erscheinen.

Grundmuster

M-Zahl teilbar durch 5 M bzw. 6 M + 1 M + 2 Randm.Siehe auch Schema. Es ist jede R so gezeichnet, wie das Muster auf der Vorderseite der Arbeit erscheint.

1. R (= Hinr): Randm, * 2 M links, 1 M rechts, 1 M rechts verschränkt aus dem Querfaden stricken, 1 M rechts, 1 M links, ab * wiederholen, 1 M links, Randm.

2. R (= Rückr): Randm, 1 M rechts, * 1 M rechts, 3 M mit Überzug arbeiten (= 1 Umschlag arbeiten, 3 M links stricken, dann den Umschlag über die 3 linken M ziehen), 2 M rechts, ab * wiederholen, Randm.

3. bis 7. R: Die M stricken, wie sie erscheinen.Nach der 1. R die 2. bis 7. R stets wiederholen.

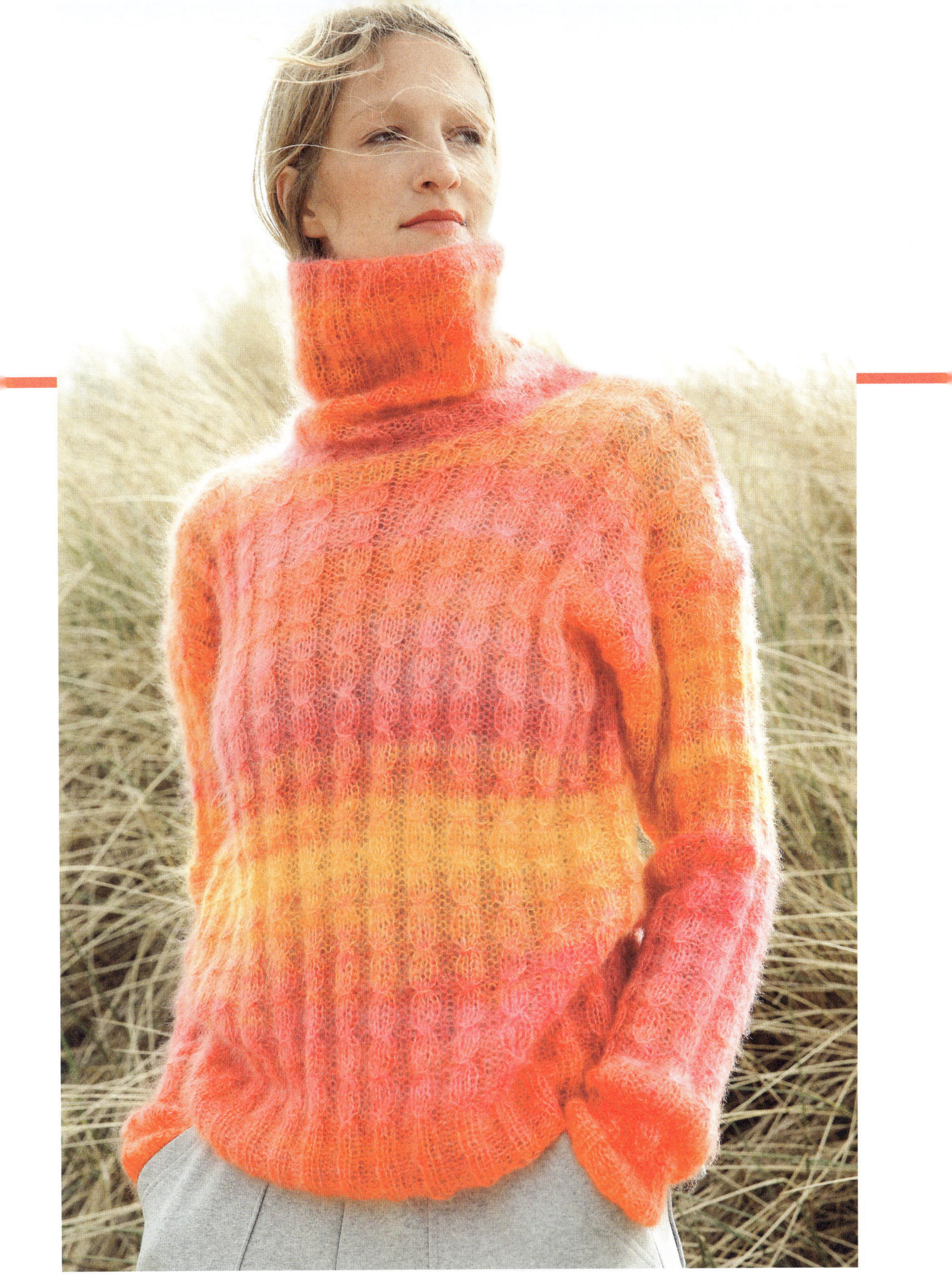

Schema für das Grundmuster

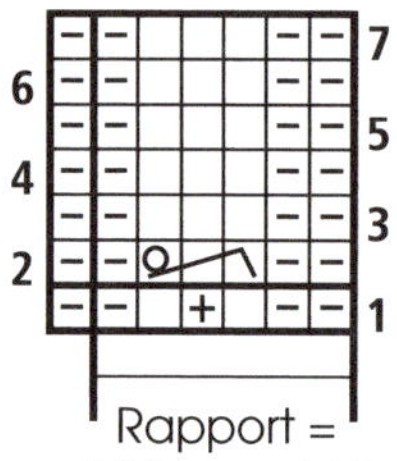

Zeichenerklärung

□ = in Hinr 1 M rechts, in Rückr 1 M links; in Rd nur rechte M

⊟ = in Hinr 1 M links, in Rückr 1 M rechts; in Rd nur linke M

⊞ = 1 M rechts verschränkt aus dem Querfaden stricken

[Symbol: Überzug] = in Rückr 3 M mit Überzug arbeiten; dafür vor den 3 M 1 Umschlag arbeiten, 3 M links stricken, dann den Umschlag über die 3 links gestrickten M ziehen

ANLEITUNG

Hinweis: Der Pullover wird zweifädig gestrickt; hierzu bei jedem Knäuel jeweils 1 Faden aus dem Knäuelinneren und 1 Faden von außen nehmen.

RÜCKENTEIL

78 (88/98) M mit Nadeln Nr. 4,5–5 und 2 Fäden anschlagen und im Bündchenmuster str, die 1. Rückr mit Randm und 2 M rechts beginnen, dann 2 M links und 3 M rechts im Wechsel stricken, mit 2 M links, Randm enden. Dann die M stricken, wie sie erscheinen.
In 6 cm Höhe mit Nadeln Nr. 5–5,5 im Grundmuster stricken = 93 (105/117) M nach der 1. R.
In 66 cm Höhe alle M gerade abketten.

VORDERTEIL

Wie das Rückenteil stricken, jedoch in ca. 59 cm Höhe, nach einer 4. Muster-R für den Halsausschnitt, die mittleren 21 M stilllegen, beidseitig davon in jeder 2. R 6 x 1 M abnehmen. Dafür bei der rechten Seite bis 4 M vor den Ausschnitt stricken, dann 2 M rechts zusammenstricken, 1 M rechts, Randm; bei der linken Seite Randm und 1 M rechts stricken, dann 1 M rechts abheben, 1 M rechts stricken und die abgehobene M überziehen (die 2 M neben dem Halsausschnitt weiter in Hinr rechts, in Rückr links stricken).
In 66 cm Höhe die verbleibenden 30 (36/42) Schulter-M gerade abketten.

ÄRMEL

38 M mit Nadeln Nr. 4,5–5 und 2 Fäden anschlagen und im Bündchenmuster wie beim Rückenteil beschrieben stricken.
In 6 cm Höhe mit Nadeln Nr. 5–5,5 im Grundmuster stricken = 45 M nach der 1. R. Dabei für die Ärmelschrägungen beidseitig in jeder 6. R 8 (2/0) x 1 M, dann in jeder 4. R 10 (19/22) x 1 M zunehmen = 81 (87/89) M.
In 50 cm Höhe alle M gerade abketten.
Den 2. Ärmel ebenso stricken.

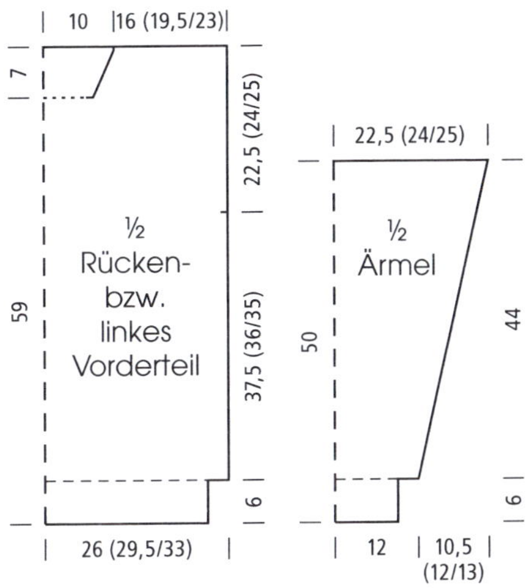

ROLLKRAGEN

Zuerst die Teile spannen und unter feuchten Tüchern trocknen lassen.

Die linke Schulternaht schließen. Mit Nadeln Nr. 4,5–5 und 2 Fäden 1 Randm anschlagen, dann aus dem rückwärtigen Halsausschnitt 33 M und aus der Schrägung 12 M aufnehmen, weiter die stillgelegten 21 M stricken, wie sie erscheinen, danach noch 12 M aufnehmen und 1 Randm neu anschlagen = 80 M. In der 1. Rückr nach der Randm 3 M rechts und 3 M links im Wechsel stricken, mit 1 Randm enden (in der vorderen Mitte läuft das Muster weiter, beim Rückenteil erscheint das Muster versetzt). In der folgenden Hinr die M stricken, wie sie erscheinen, dann weiter im Grundmuster stricken, dabei mit der 2. Muster-R beginnen.

In ca. 10 cm Kragenhöhe weiter mit Nadeln Nr. 5–5,5 arbeiten und das Muster auf der anderen Seite stricken, das heißt, über den linken M der Außenseite die 3 M mit Überzug arbeiten; nach dem Umschlagen des Kragens liegt die Musterseite außen.

In ca. 24 cm Kragenhöhe die M locker abketten.

ZU GUTER LETZT

Die 2. Schulternaht sowie die Kragennaht schließen, dabei darauf achten, dass die oberen ca. 14 cm des Kragens nach außen umgeschlagen werden. Die Ärmel annähen, dann die Ärmel- und Seitennähte schließen.

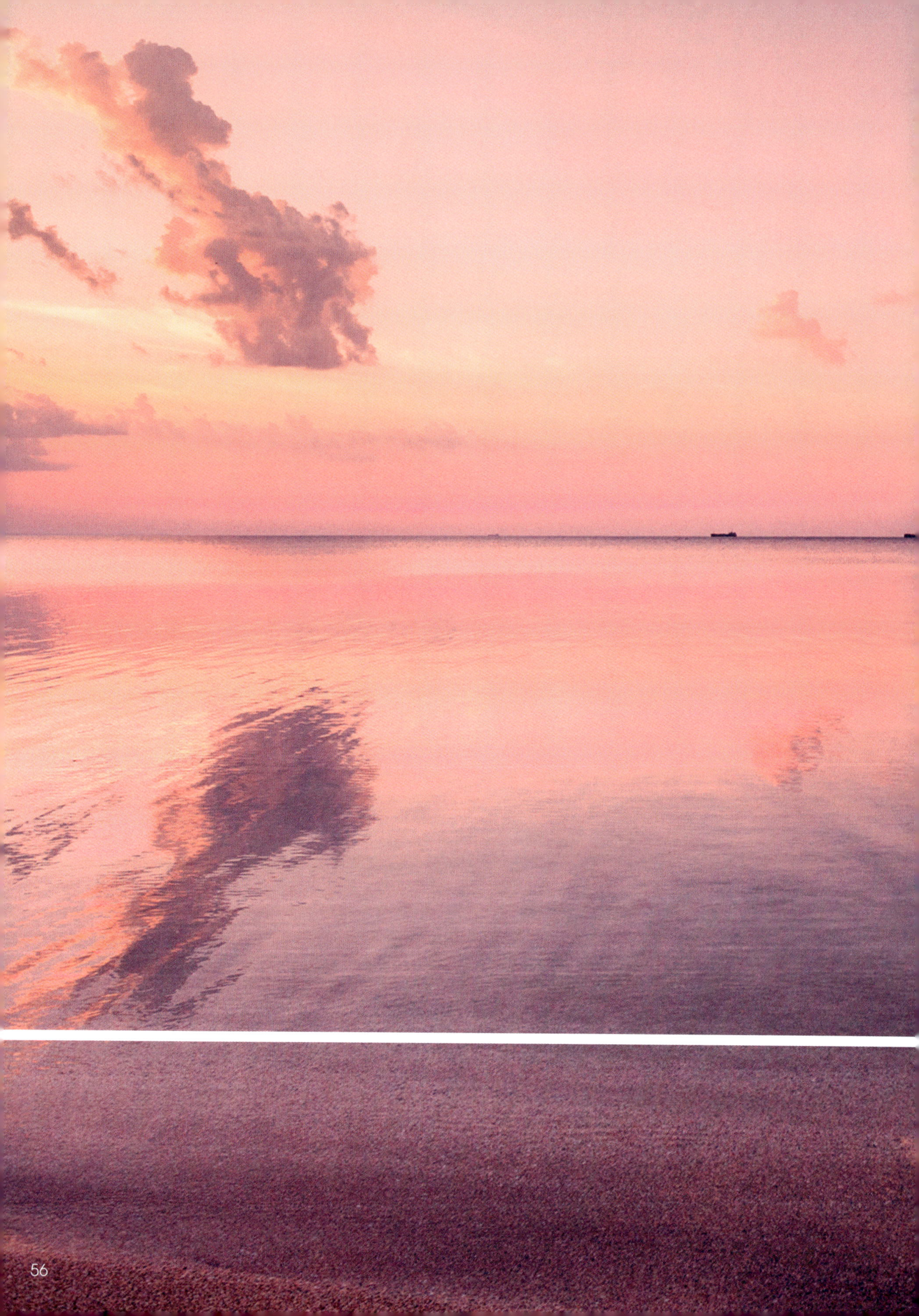

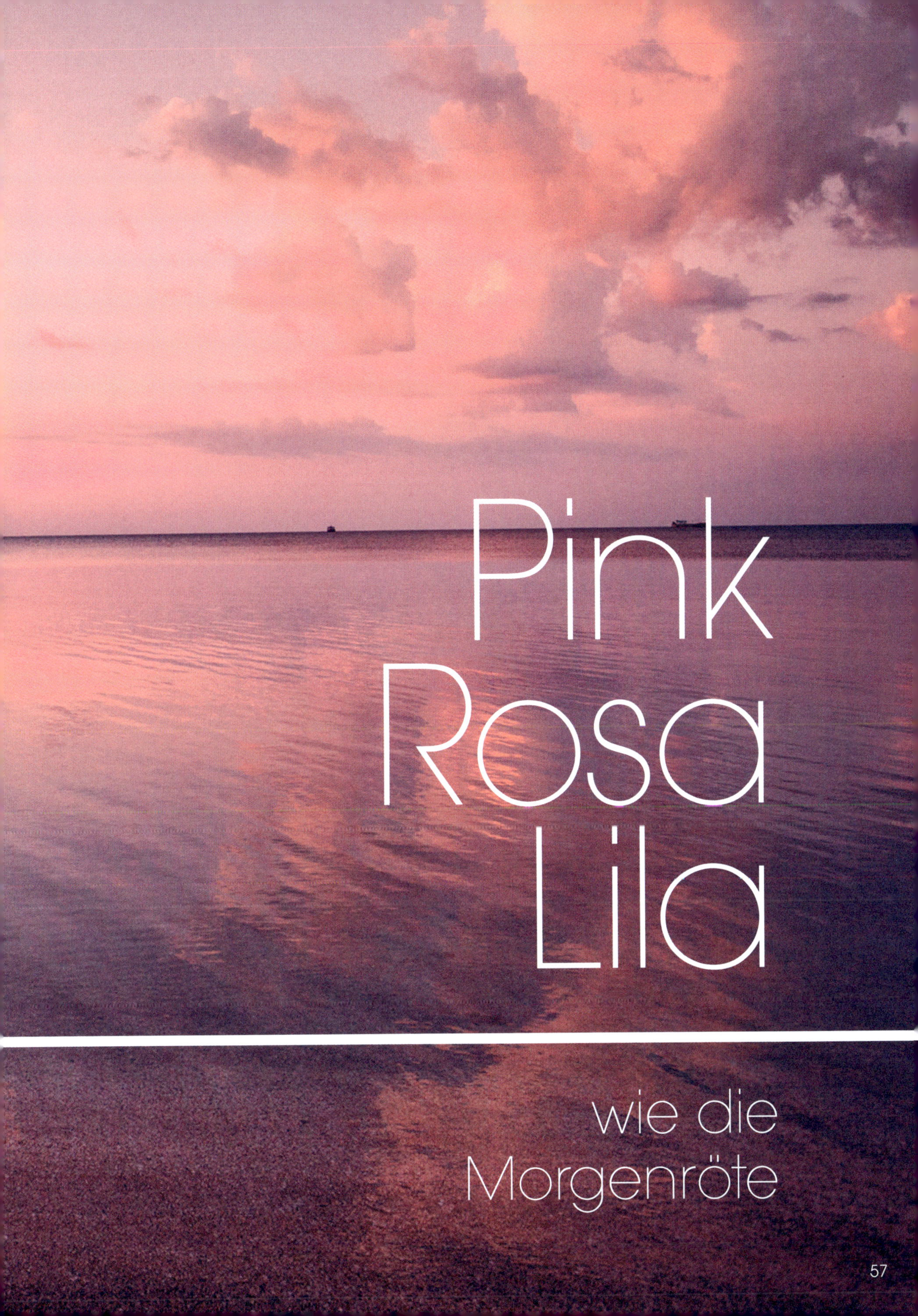

Pink Rosa Lila

wie die Morgenröte

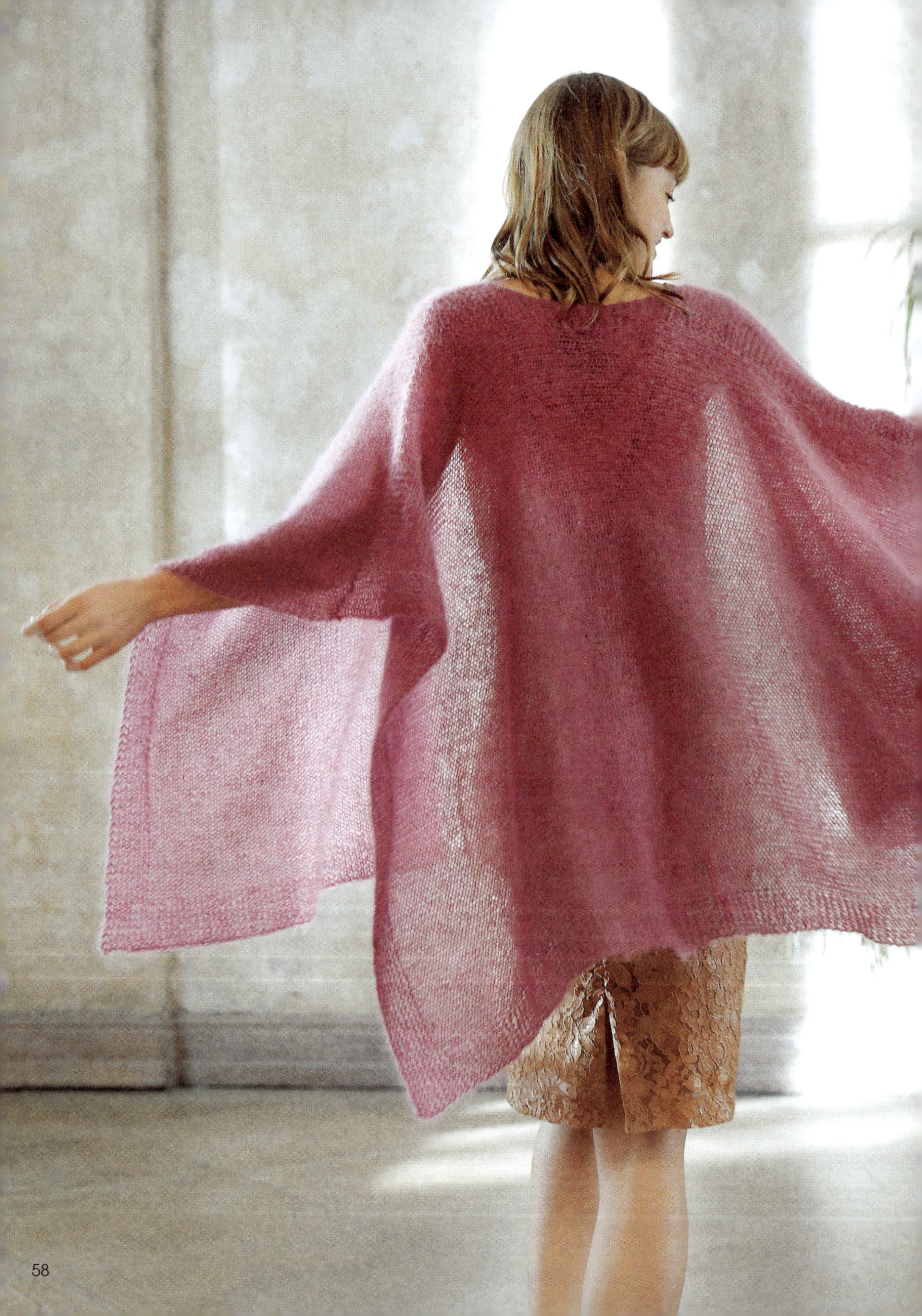

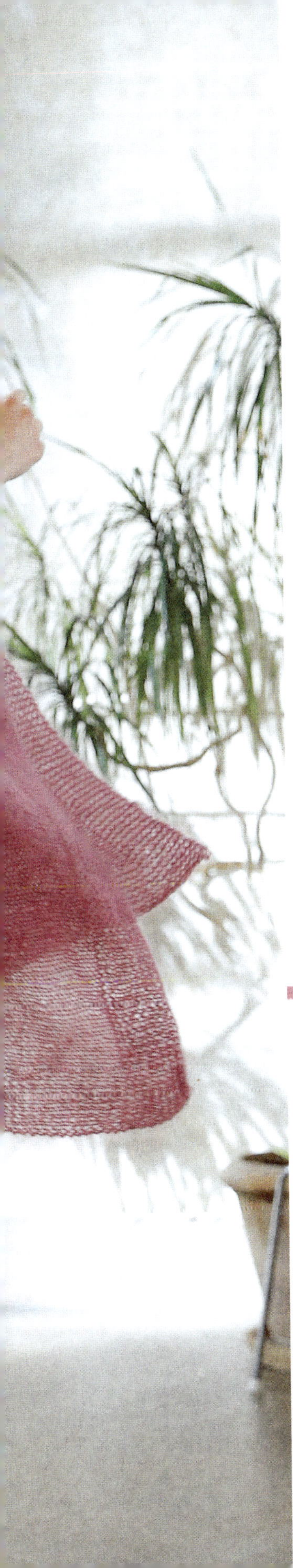

Immer *obenauf*

Ponchos sind im Sommer einfach ideal: Im Gegensatz zu Jacke oder Cardigan sind sie schnell übergeworfen und geben doch jedem Outfit eine Zusatzportion Extravaganz – ob romantisch-femininem Spitzenkleid oder Jeansshorts und Top!

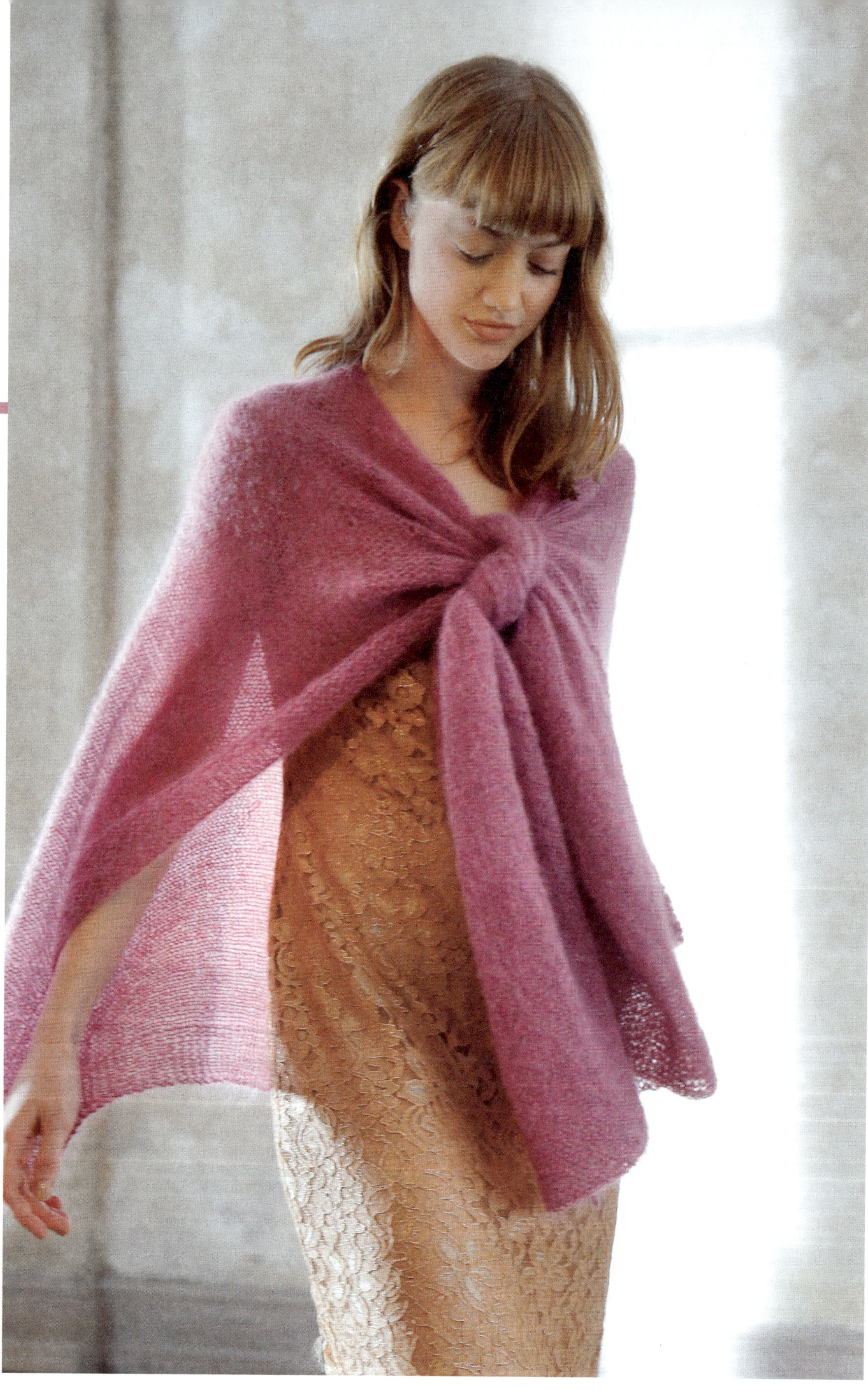

Immer *obenauf*

Mohair-Poncho

GRÖSSE
Einheitsgröße

MATERIAL
ggh-Garn KID (65 % Mohair, 5 % Schurwolle, 30 % Polyamid; Lauflänge ca. 250 m/25 g)
je 125 g in Korallrosé **(Fb 116)**
und Zyklam **(Fb 128)**
Stricknadeln Nr. 5–5,5

MASCHENPROBE
Mit 2 Fäden glatt rechts gestrickt, ergeben 16 M und 20 R = 10 x 10 cm.

MUSTER
Kraus rechts
Jede R rechts stricken.

Glatt rechts
In Hinr rechte M, in Rückr linke M stricken.

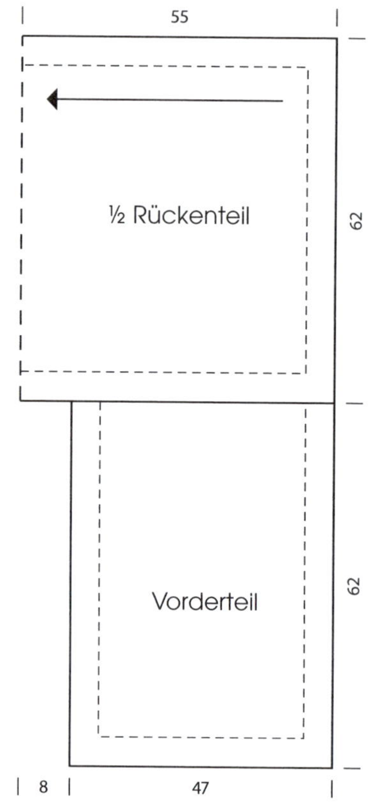

ANLEITUNG

Hinweis: Der Poncho wird zweifädig gestrickt, mit je 1 Faden in beiden Farben.

RÜCKENTEIL

Es wird quer gestrickt. 100 M mit 2 Fäden anschlagen und 15 R kraus rechts stricken, dabei mit 1 Rückr beginnen. Weiter wie folgt stricken: 8 M inklusive Randm kraus rechts, 84 M glatt rechts, 8 M inklusive Randm kraus rechts. In ca. 105 cm Höhe über alle M 15 R kraus rechts stricken, dann die M abketten = ca. 110 cm Höhe.

VORDERTEIL

Die Vorderteile von oben nach unten an eine Seitenkante des Rückenteils stricken. Hierzu aus den ersten ca. 47 cm einer Seitenkante des Rückenteils 76 M mit 2 Fäden aufnehmen und in der 1. Rückr 8 M inklusive Randm rechts, 60 M links und 8 M rechts stricken. Dann weiter 8 M kraus rechts, 60 M glatt links, 8 M kraus rechts stricken.
In ca. 57 cm Vorderteil-Höhe über alle M noch 15 R kraus rechts stricken, dann die M abketten.
Das 2. Vorderteil ebenso anstricken, zwischen den Vorderteilen bleiben ca. 16 cm für den Halsausschnitt frei.

ZU GUTER LETZT

Das Teil spannen und unter feuchten Tüchern trocknen lassen.

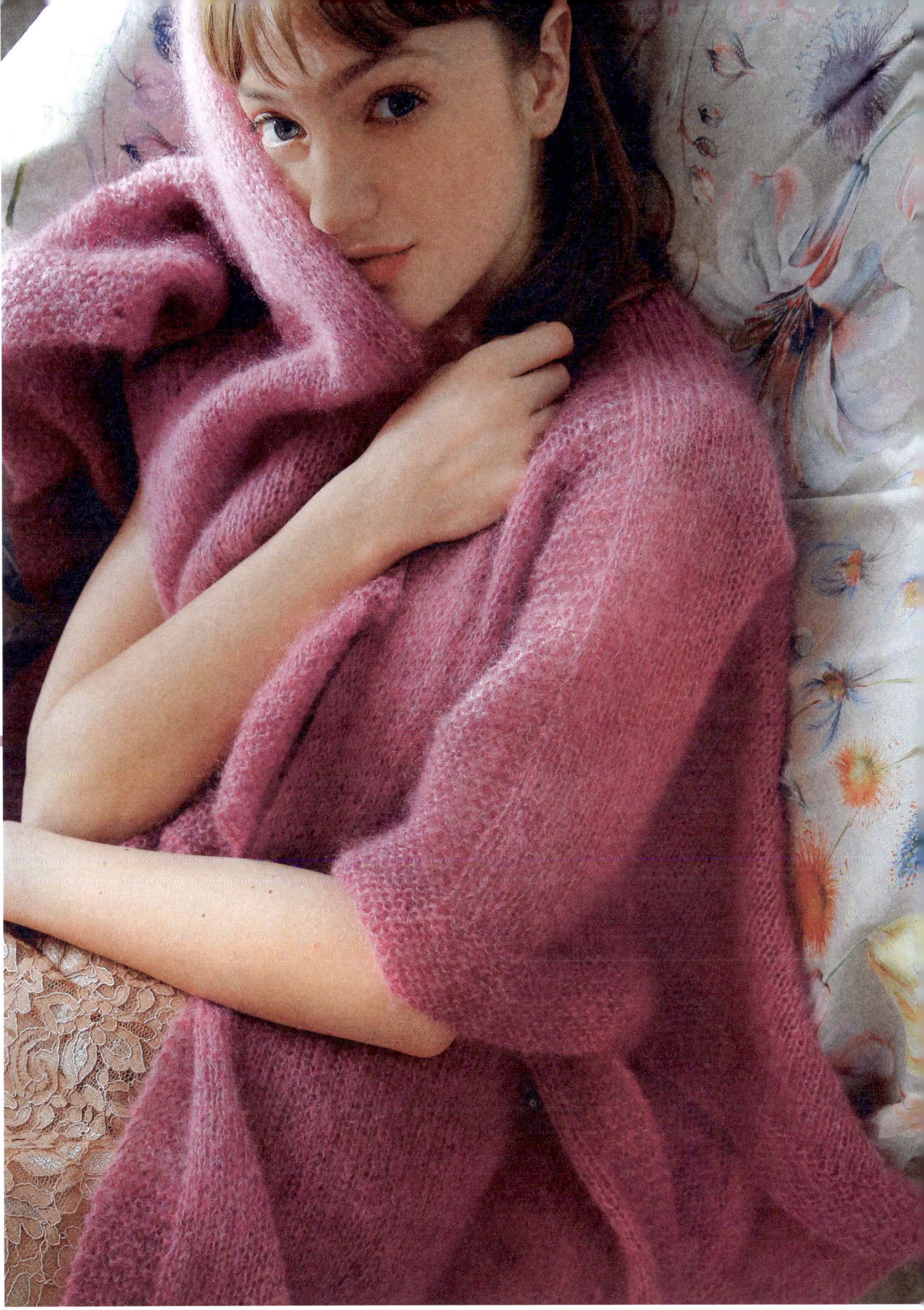

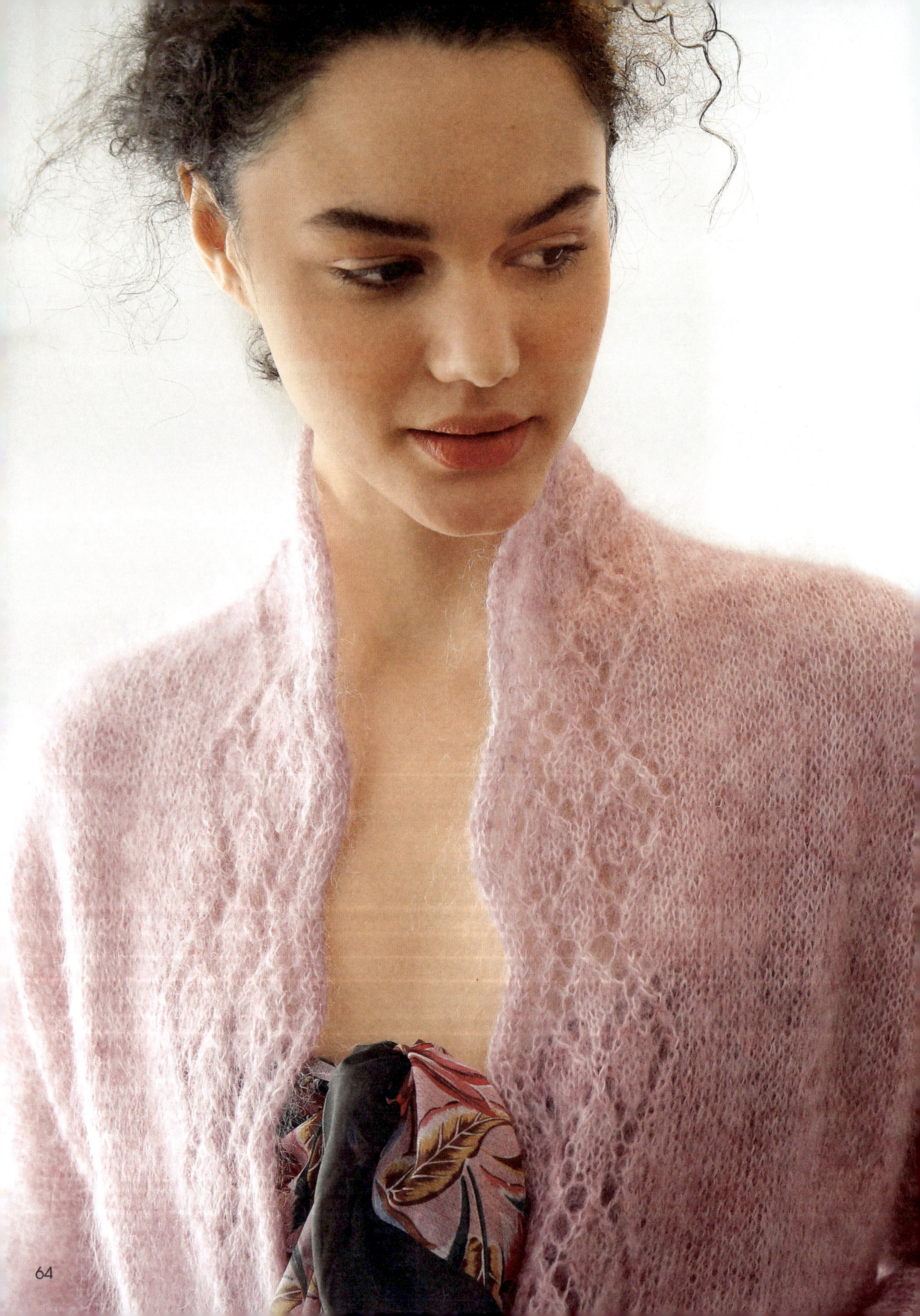

Zarte Töne

Keine Naht stört die hauchzarte Optik des pastellfarbenen Maschentraums, denn die Longjacke in Fledermausform wird von unten nach oben in einem Stück gestrickt. Perfektes Finish: die filigranen Lochmusterzacken an Kragen und Verschlusskanten.

Zarte Töne

Longjacke mit Lochmusterkante

GRÖSSE

36–40 (42–46)

Die Angaben für Größe 36–40 stehen vor der Klammer, die Angaben für Größe 42–46 in der Klammer. Bei nur einer Angabe gilt diese für beide Größen.

MATERIAL

ggh-Garn MOHAIR MELANGE (80 % Mohair, 20 % Polyamid; Lauflänge ca. 210 m/25 g) und **KID** (65 % Mohair, 5 % Schurwolle, 30 % Polyamid; Lauflänge ca. 250 m/25 g)
150 (175) g in **MOHAIR MELANGE** in Staubrosa **(Fb 6)** und **125 (150) g KID** in Weiß **(Fb 103)**
Stricknadeln Nr. 4,5

MASCHENPROBE

Mit Nadeln Nr. 4,5 zweifädig glatt rechts gestrickt, ergeben 15 M und 26 R = 10 x 10 cm.

MUSTER

Bündchenmuster
2 M rechts, 2 M links im Wechsel stricken.

Glatt rechts
In Hinr rechte M, in Rückr linke M stricken.

Zackenspitze
Siehe Schema. Es sind nur die Hinr gezeichnet. In den Rückr alle M stricken, wie sie erscheinen, U links stricken. Es wird ohne Randm gestrickt. 1 x die 1. bis 2. R, dann die 3. bis 22. R fortlaufend wiederholen. Gezeichnet ist die Spitze für das rechte Vorderteil, sodass das Muster am Anfang der R gestrickt wird. Für das linke Vorderteil das Schema gegengleich stricken.

Abnahmen
Am Anfang der R: Randm, 1 Überzug stricken (= 1 M abheben, 1 M rechts stricken, dann die abgehobene M überziehen). Am Ende der R: Bis vor die letzten 3 M stricken, 2 M rechts zusammenstricken, Randm.

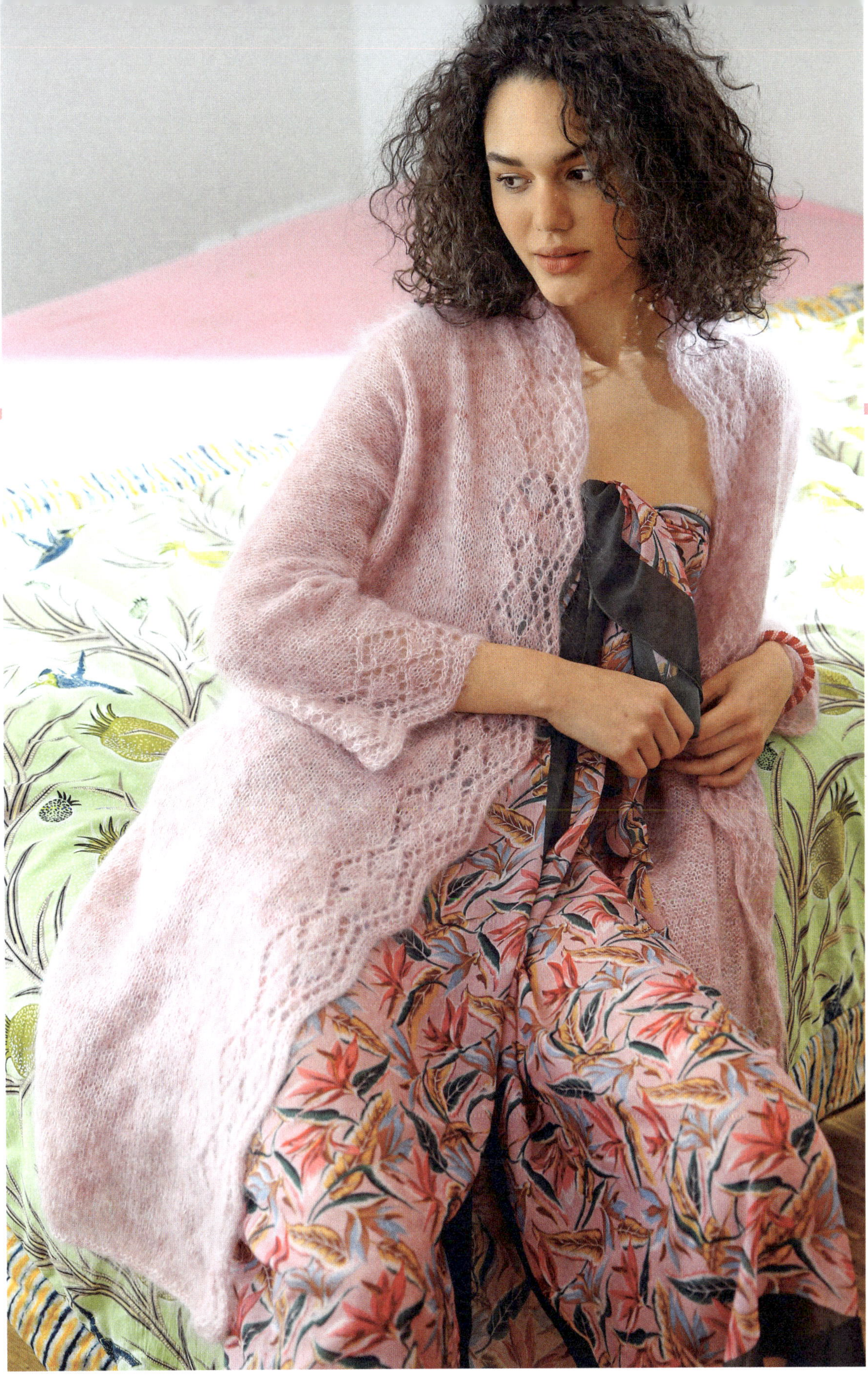

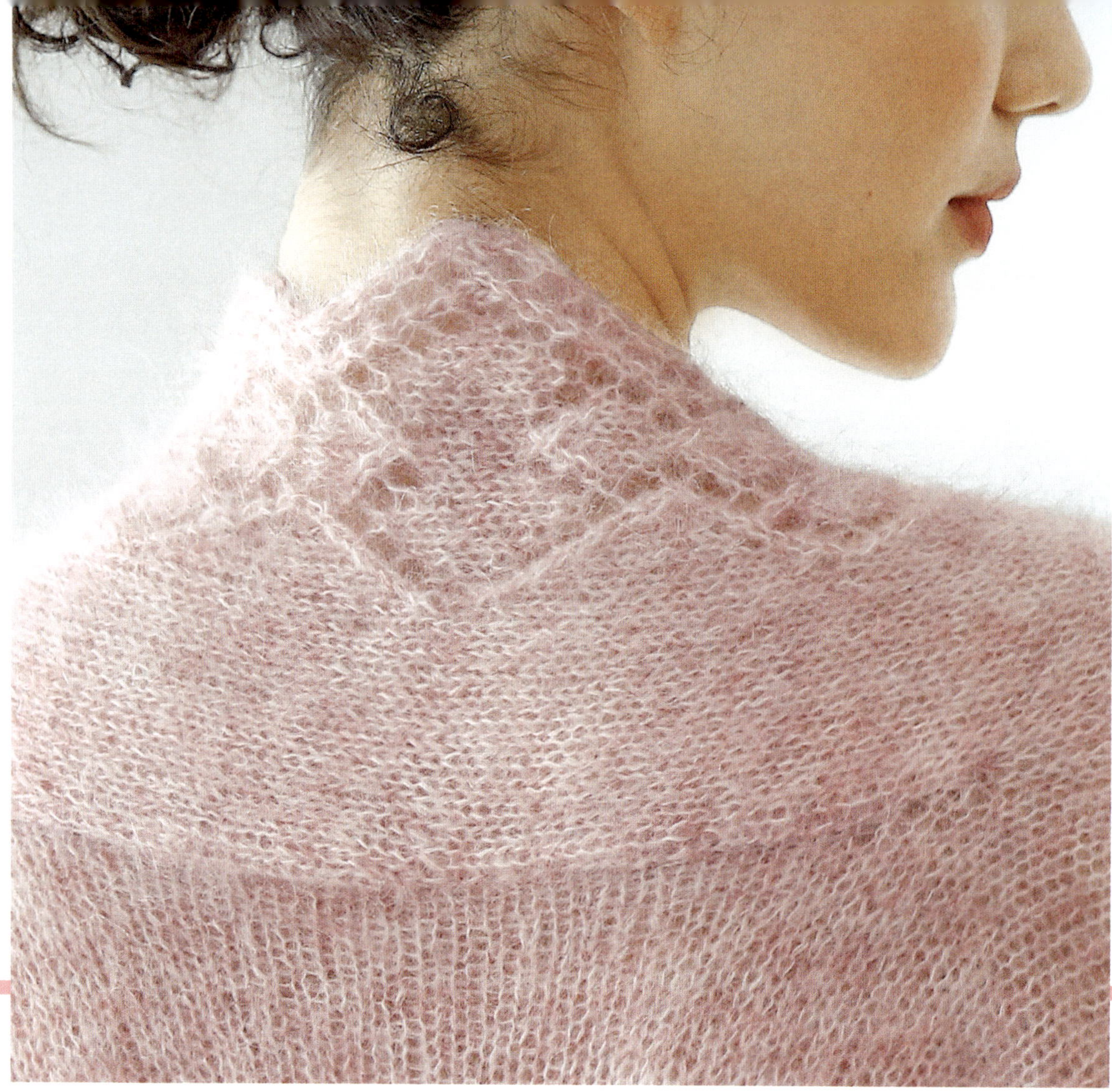

ANLEITUNG

Hinweis: Die Jacke wird durchgängig mit je einem Faden KID und einem Faden MOHAIR MELANGE gestrickt.

RECHTES VORDERTEIL

60 (65) M anschlagen und 1 Rückr rechte M stricken. Weiter glatt rechts stricken und an der vorderen Kante (am Anfang der R) das Zackenmuster einstricken. Hierzu 1 x die 1. bis 2. R, dann 8 x die 3. bis 22. R wiederholen.

In 62 cm Höhe das Zackenmuster fortsetzen und gleichzeitig für die Fledermaus-Zunahmen 10 x am Ende der R zwischen der drittletzten und vorletzten M 1 M zunehmen, indem 1 M aus dem Querfaden gestrickt wird = 70 (75) M.

Nach der letzten Zunahme am Ende der R 50 (45) M für den Ärmel aufstricken = 120 M. Weiter über alle M stricken und am Ende der R ebenfalls das Zackenmuster, allerdings gegengleich zur vorderen Kante einstricken. Die R des Zackenmusters sind an beiden Seiten auf der gleichen Höhe. Noch 2 x die 3.–22. R stricken. Nach nun insgesamt 11 Zacken an der vorderen Kante die 1. bis 26. M auf einer Nadel stilllegen und die verbleibenden 94 M ebenfalls stilllegen.

LINKES VORDERTEIL

Gegengleich stricken.

Schema für das Lochmuster

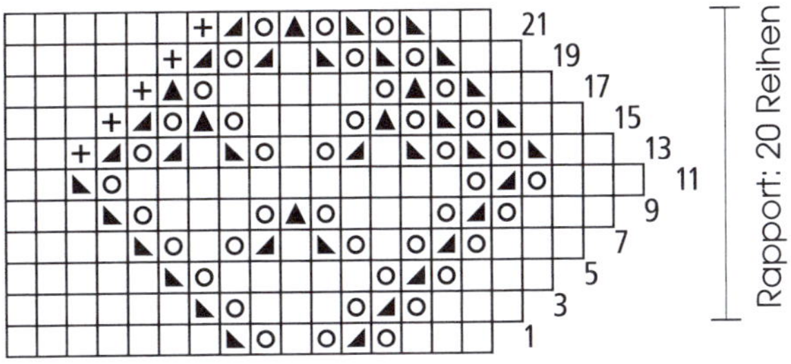

Zeichenerklärung

- □ = 1 M glatt rechts (= in Hinr rechte M, in Rückr linke M stricken)
- [O] = 1 Umschlag, in der Rückr links stricken
- [◣] = 1 Überzug (= 1 M rechts abheben, 1 M rechts stricken, dann die abgehobene M überziehen)
- [◢] = 2 M rechts zusammenstricken
- [▲] = 1 doppelter Überzug (= 1 M rechts abheben, 2 M rechts zusammenstricken und die abgehobene M überziehen)
- [+] = 1 Umschlag, in der Rückr links verschränkt stricken

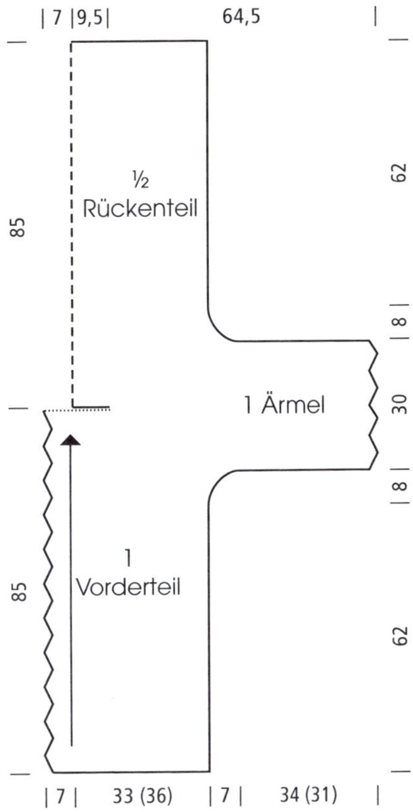

RÜCKENTEIL

Beide Vorderteile auf eine Nadel stricken und zwischen den je 94 (94) M der Vorderteile 28 M neu anschlagen = 216 (216) M. Die Zacken an den Ärmelsäumen fortsetzen und 2 x die 3. bis 22. R stricken, danach beidseitig je 50 (45) M abketten und noch 10 x in jeder 2. R beidseitig 1 M abnehmen wie beschrieben = 96 (106) M. Das Rückenteil glatt rechts beenden. In 85 cm Höhe ab Maschenanschlag hinteres Halsloch in einer Hinr alle M abketten, dabei links stricken.

KRAGENBLENDE

Die 26 stillgelegten Blendenmaschen wieder aufnehmen und das Zackenmuster noch 1½ Zacken weiterstricken. Dann alle M abketten.

ZU GUTER LETZT

Die M der Kragenblende aneinandernähen. Fledermausnähte schließen.

Ein Hauch von *Masche*

Lass dich umarmen! Diagonale Lochrippen geben der großzügig dimensionierten Stola die sommerliche Leichtigkeit, der Woll-Mix aus softem Mohair und wärmender Schurwolle schützt aber auch vor einer steifen Brise.

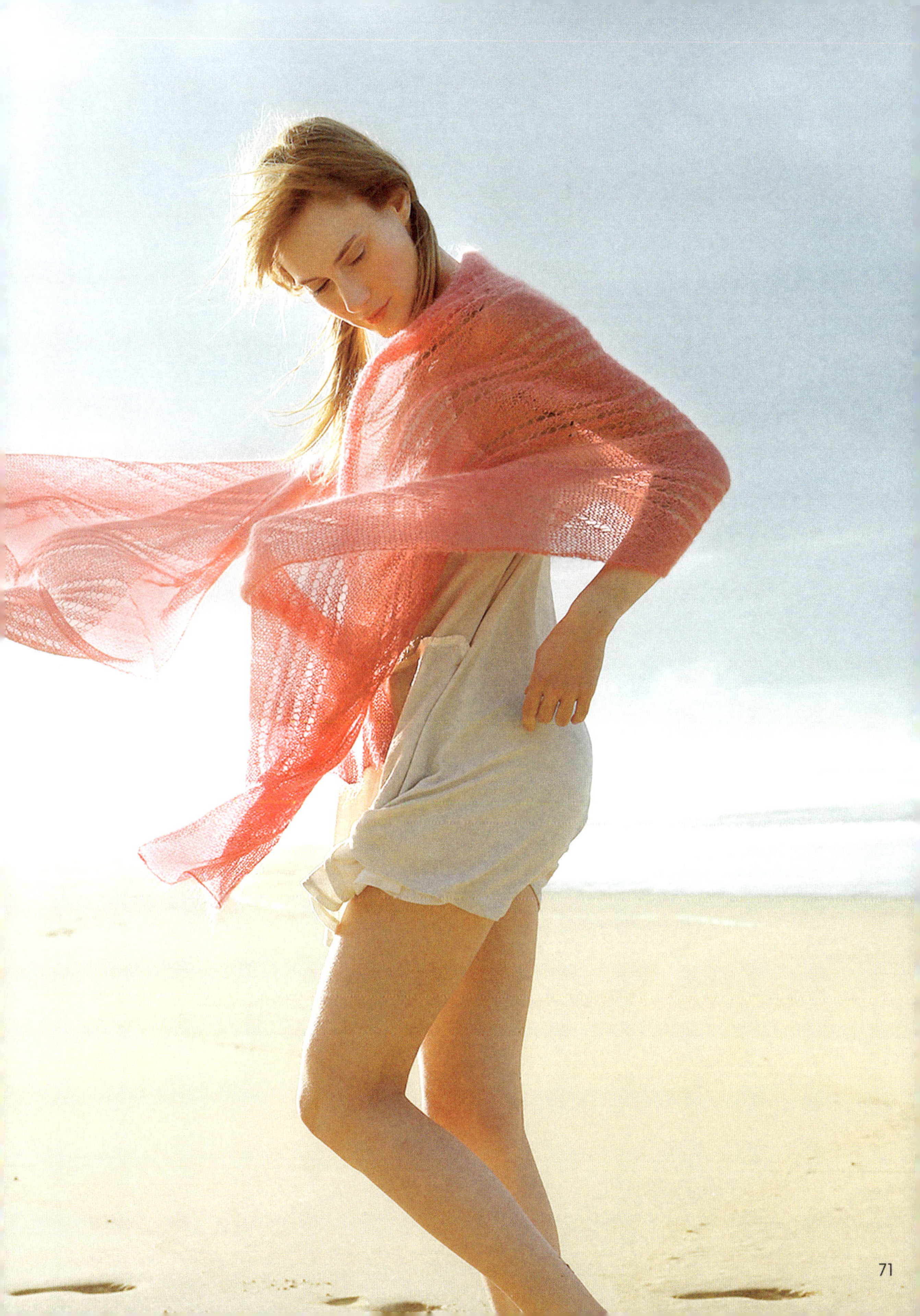

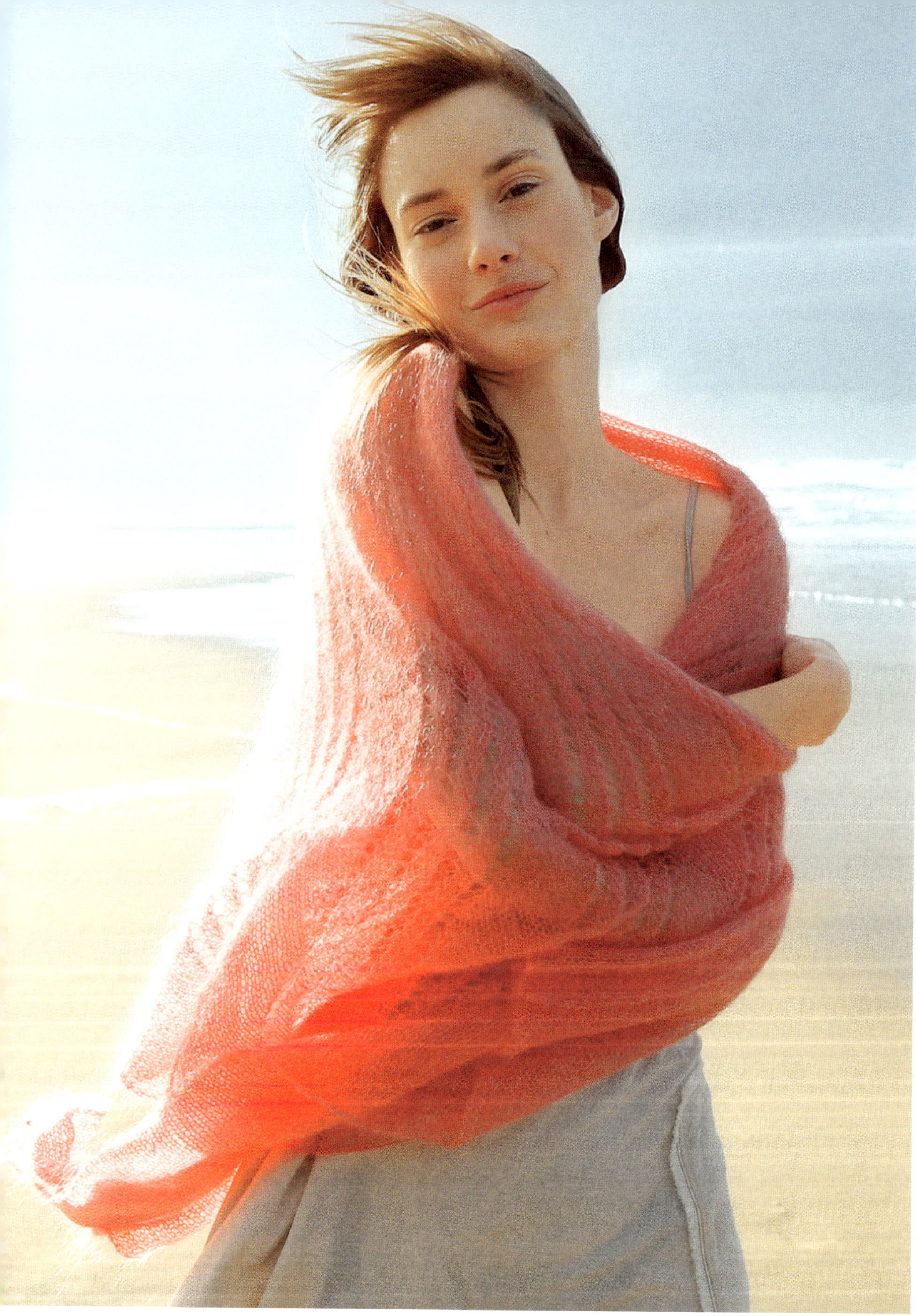

Ein Hauch von Masche

Stola mit diagonalem Lochmuster

GRÖSSE
ca. 75 x 200 cm

MATERIAL
ggh-Garn KID (65 % Mohair, 5 % Schurwolle, 30 % Polyamid; Lauflänge ca. 250 m/25 g)
125 g in Korallrosé **(Fb 116)**
Stricknadeln Nr. 5

MASCHENPROBE
In den verschiedenen Mustern mit Nadeln Nr. 5 gestrickt, ergeben 17 M und 24 R = 10 x 10 cm.

MUSTER
Glatt rechts
In Hinr rechte M, in Rückr linke M stricken.

Lochmuster
Siehe Schema. Es sind nur die Hinr gezeichnet; in den Rückr alle M und Umschläge links stricken.
Die 1. bis 48. R stets wiederholen.

Schema für das Grundmuster

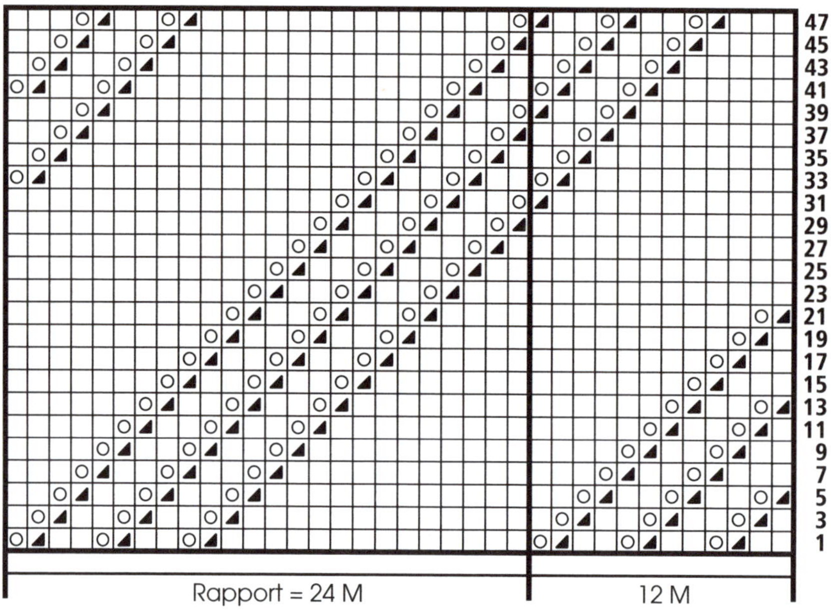

Zeichenerklärung

□ = 1 M rechts

◙ = 1 Umschlag

◪ = 2 M rechts zusammenstricken

ANLEITUNG

128 M anschlagen und 1 Rückr links, dann glatt rechts stricken.

In 10 cm Höhe weiter wie folgt stricken: Randm, 9 M glatt rechts, die ersten 12 M der Zeichnung, 4 x den Rapport von 24 M, 9 M glatt rechts, Randm. Achtung: In der Höhe nach der 48. Muster-R die diagonalen Streifen weiter wie bei der 1. bis 22. R gezeichnet bis vor die letzten 10 M der rechten Seitenkante fortsetzen. In ca. 190 cm Höhe weiter glatt rechts stricken.

In ca. 200 cm Höhe die M abketten.

ZU GUTER LETZT

Das Teil spannen und unter feuchten Tüchern trocknen lassen.

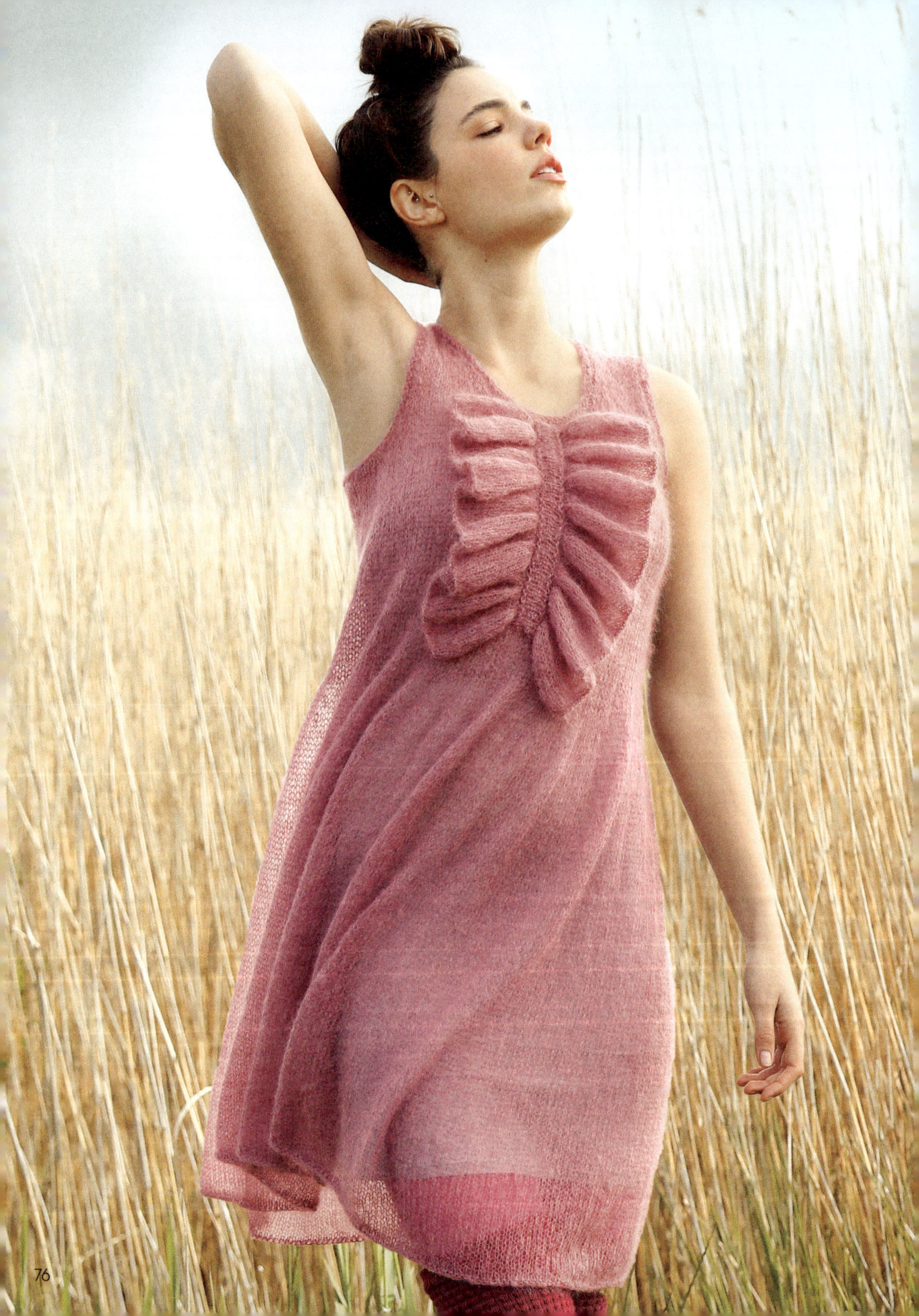

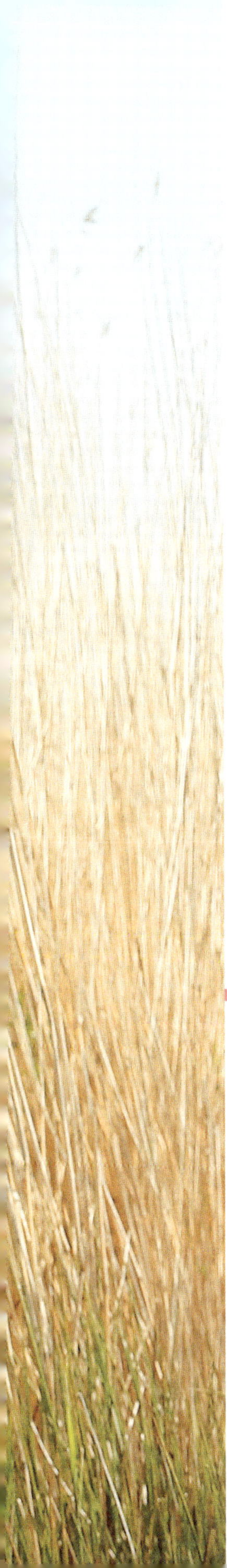

Feminine *Akzente*

Eine opulente Rüsche macht das locker die Figur umspielende, schlicht glatt rechts gestrickte Kleid zum extravaganten Wow-Piece. Romantisch und gleichzeitig bequem wird es zum idealen Begleiter für heiße Tage und laue Sommerabende.

Feminine Akzente

Kleid mit Rüsche

GRÖSSE
34/36 (38/40) 42/44
Die Angaben für Größe 34/36 stehen vor der Klammer, die Angaben für Größe 38/40 in der Klammer vor dem Strich, die Angaben für Größe 42/44 in der Klammer nach dem Strich. Bei nur einer Angabe gilt diese für alle 3 Größen.

MATERIAL
ggh-Garn KID (65 % Mohair, 5 % Schurwolle, 30 % Polyamid; Lauflänge ca. 250 m/25 g)
100 (125/150) g in Korallrosé **(Fb 116)**
Rundstricknadel Nr. 5–6 in 100 cm, 80 cm und 40 cm Länge

MASCHENPROBE
Mit 1 Faden glatt rechts gestrickt, ergeben 16–17 M und 23 Rd/R, mit 2 Fäden 15 M und 21–22 Rd/R = 10 x 10 cm.

MUSTER
Glatt rechts
In Hinr rechte M, in Rückr linke M stricken.

Abnahmen
Am R-Anfang Randm und 2 M stricken, danach 2 M rechts zusammenstricken; am R-Ende bis vor die letzten 5 M stricken, dann 1 Überzug stricken (= 1 M rechts abheben, 1 M rechts stricken und die abgehobene M überziehen), enden mit 2 M rechts, Randm.

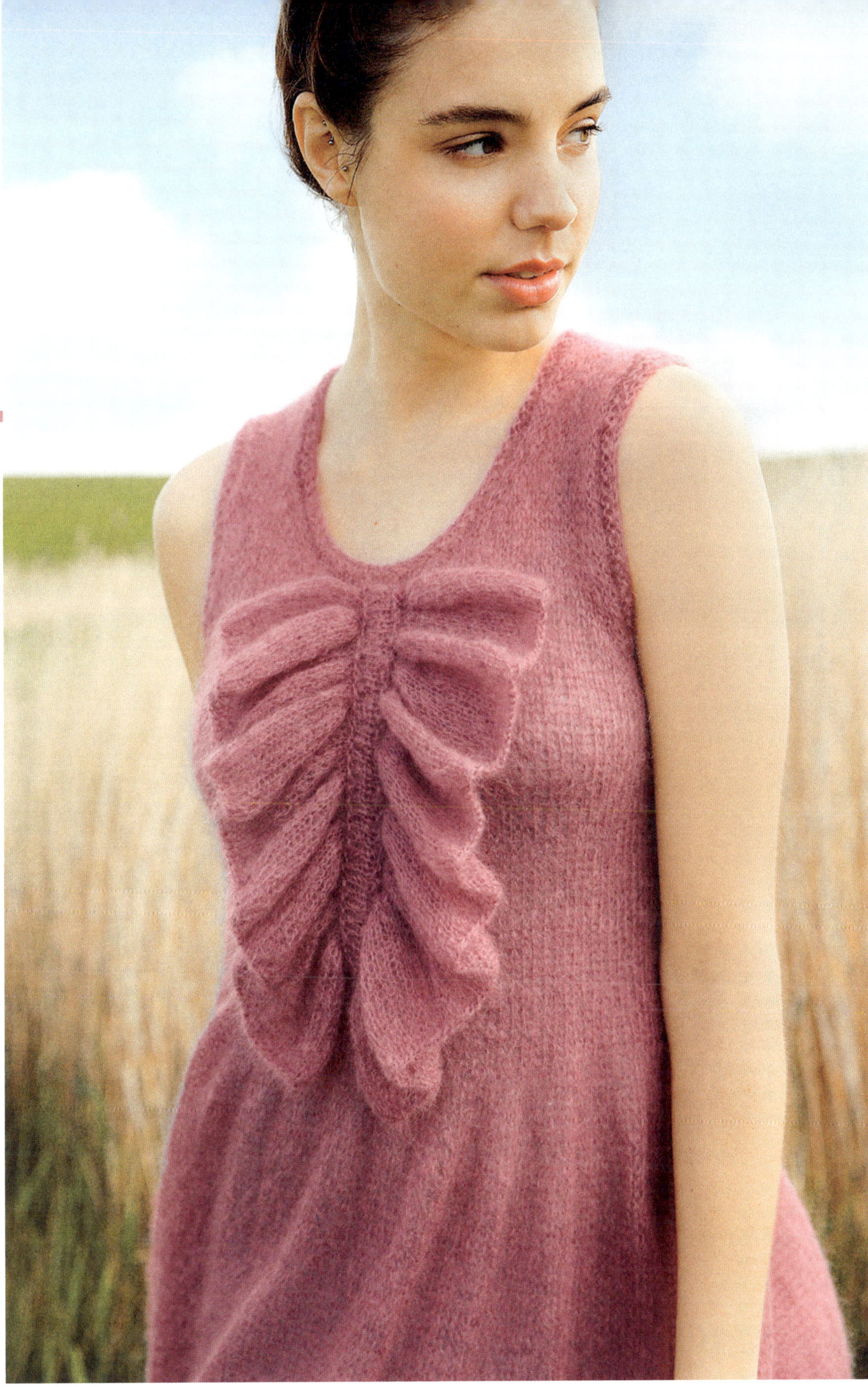

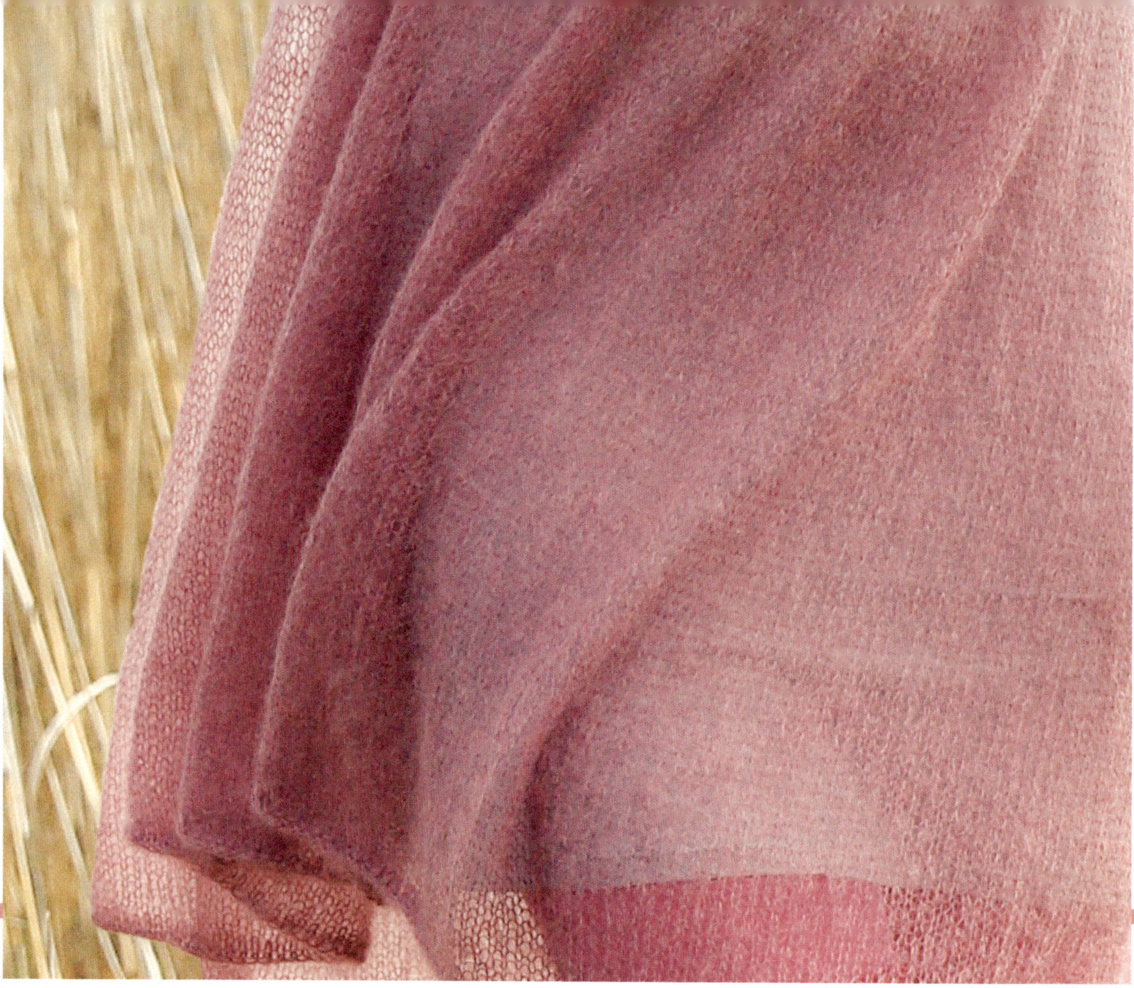

ANLEITUNG

Hinweis: Der Rock des Kleids wird einfädig, das Oberteil wird 2-fädig gestrickt.

KLEID

Bis zu den Armausschnitten in einem Stück stricken; die Rundstricknadeln der M-Zahl entsprechend einsetzen.

294 (320/338) M mit 2 Fäden anschlagen, dann mit 1 Faden glatt rechts weiterarbeiten.

In 47 cm Höhe 42 x jede 6. und 7. M (40 x jede 7. und 8. M/26 x jede 12. und 13. M) rechts zusammenstricken = 252 (280/312) M.

In 50 cm Höhe weiter mit 2 Fäden arbeiten und in der 1. Rd immer 2 M rechts zusammenstricken = 126 (140/156) M.

In 70 (68/66) cm Höhe die Armausschnitte beginnen. Dafür vom Rd-Wechsel aus 60 (66/72) M stricken, 6 (8/12) M abketten, 57 (62/66) M stricken und stilllegen, 6 (8/12) M abketten.

Über die folgenden 57 (62/66) M das Rückenteil weiterstricken, dabei für die Armausschnitte in jeder 2. R 5 x 1 M wie beschrieben abnehmen = 47 (52/56) M.

In 82 cm Höhe für den Halsausschnitt die mittleren 13 (14/14) M gerade abketten, beidseitig davon in jeder 2. R 5 x 1 M abnehmen.

In 88 cm Höhe die restlichen 12 (14/16) Schulter-M gerade abketten.

Über die stillgelegten 57 (62/66) M für das Vorderteil ebenso stricken, jedoch den Halsausschnitt bereits in 78 cm Höhe wie beim Rückenteil beschrieben arbeiten.

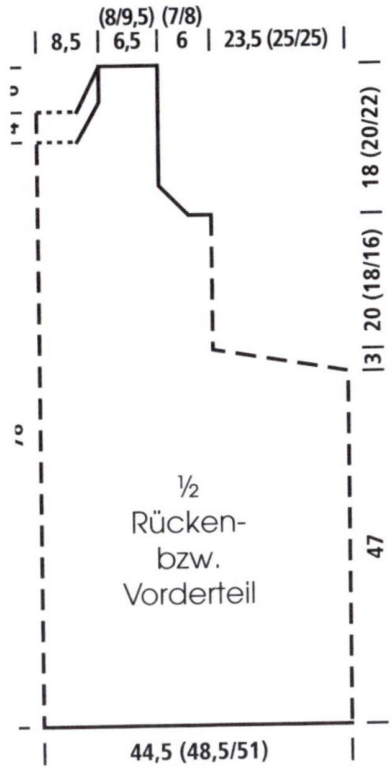

RÜSCHE

Für das mittlere Band mit einem glatten Extrafaden 32 M anschlagen, dann mit 2 Fäden des Originalgarns 5 R glatt rechts und 1 Rückr rechte M stricken.

Die Rüsche mit 1 Faden glatt rechts stricken und in der 1. Hinr aus jedem Faden der Vor-R 1 M stricken = 64 M. In der nächsten Hinr nach jeder M 1 M rechts verschränkt aus dem Querfaden stricken = 127 M. In 9 cm Höhe ab Band die M abketten.

Den Extrafaden abtrennen und die 32 M auffangen. Dann mit 2 Fäden des Originalgarns 1 Hinr rechts und 1 Rückr rechts stricken, danach die Rüsche mit 1 Faden wie beschrieben str.

ZU GUTER LETZT

Das Teil spannen und unter feuchten Tüchern trocknen lassen.

Die Schulternähte schließen.

Aus dem Halsausschnitt mit der kurzen Rundstricknadel und 2 Fäden ca. 80 (82/82) M aufnehmen, 2 Rd rechts und 1 Rd links str, dann die M abketten, dabei rechts stricken.

Aus den Armausschnitten mit der kurzen Rundstricknadel und 2 Fäden je ca. 62 (68/75) M aufnehmen, die Blende ebenso stricken.

Die Rüsche mit 1 Faden beidseitig des mittleren Bands in die Mitte des Vorderteils nähen, dabei unterhalb der Halsausschnittblende beginnen.

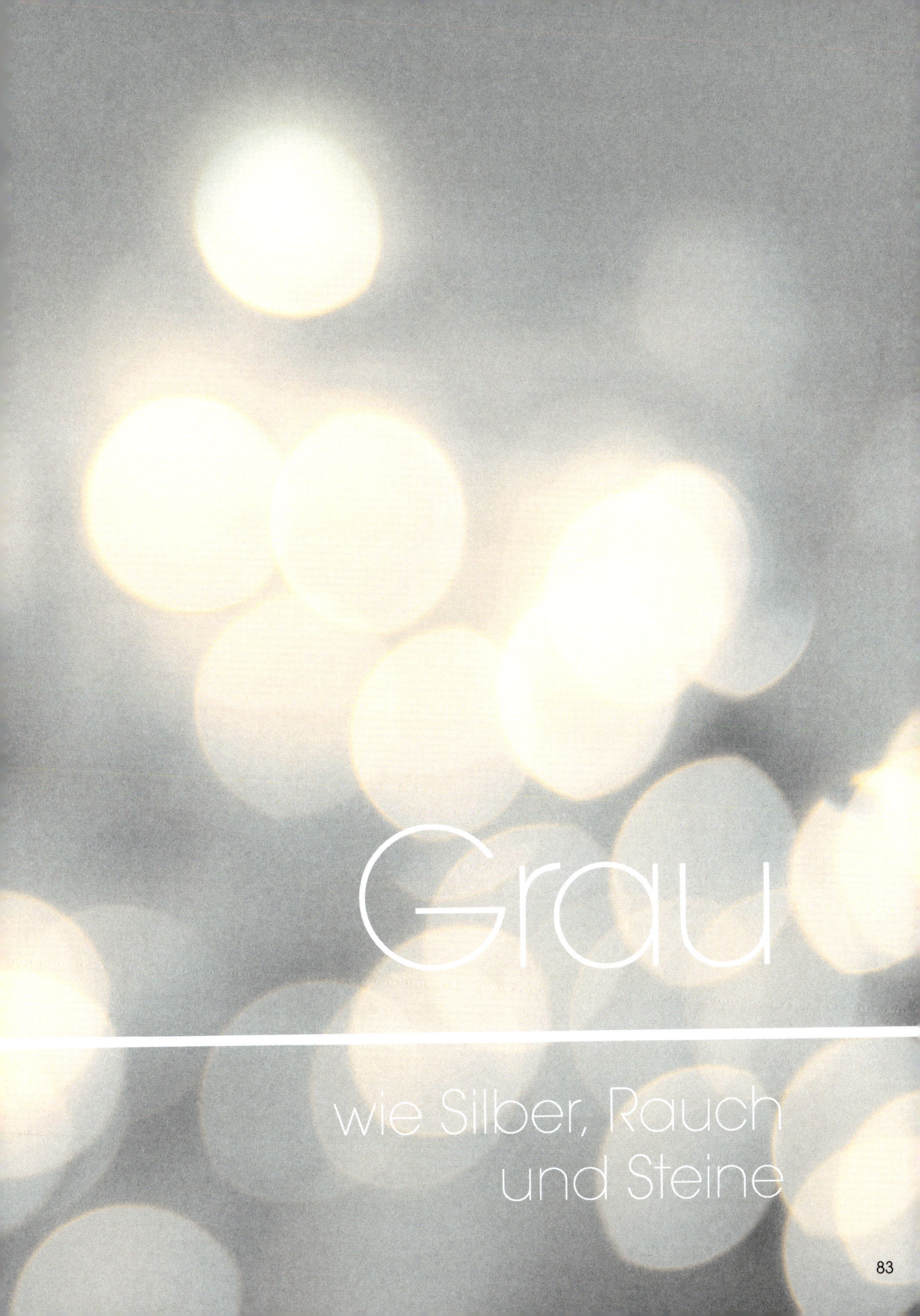

Grau

wie Silber, Rauch und Steine

Allrounder in *Streifenoptik*

Ob locker übergeworfen, gewickelt oder am Rücken verknotet – mit dieser Stola geben Sie immer eine gute Figur ab. Die dezenten Grautöne lassen sich vielfältig kombinieren, und das vom Casual Outfit bis hin zum Bürodress.

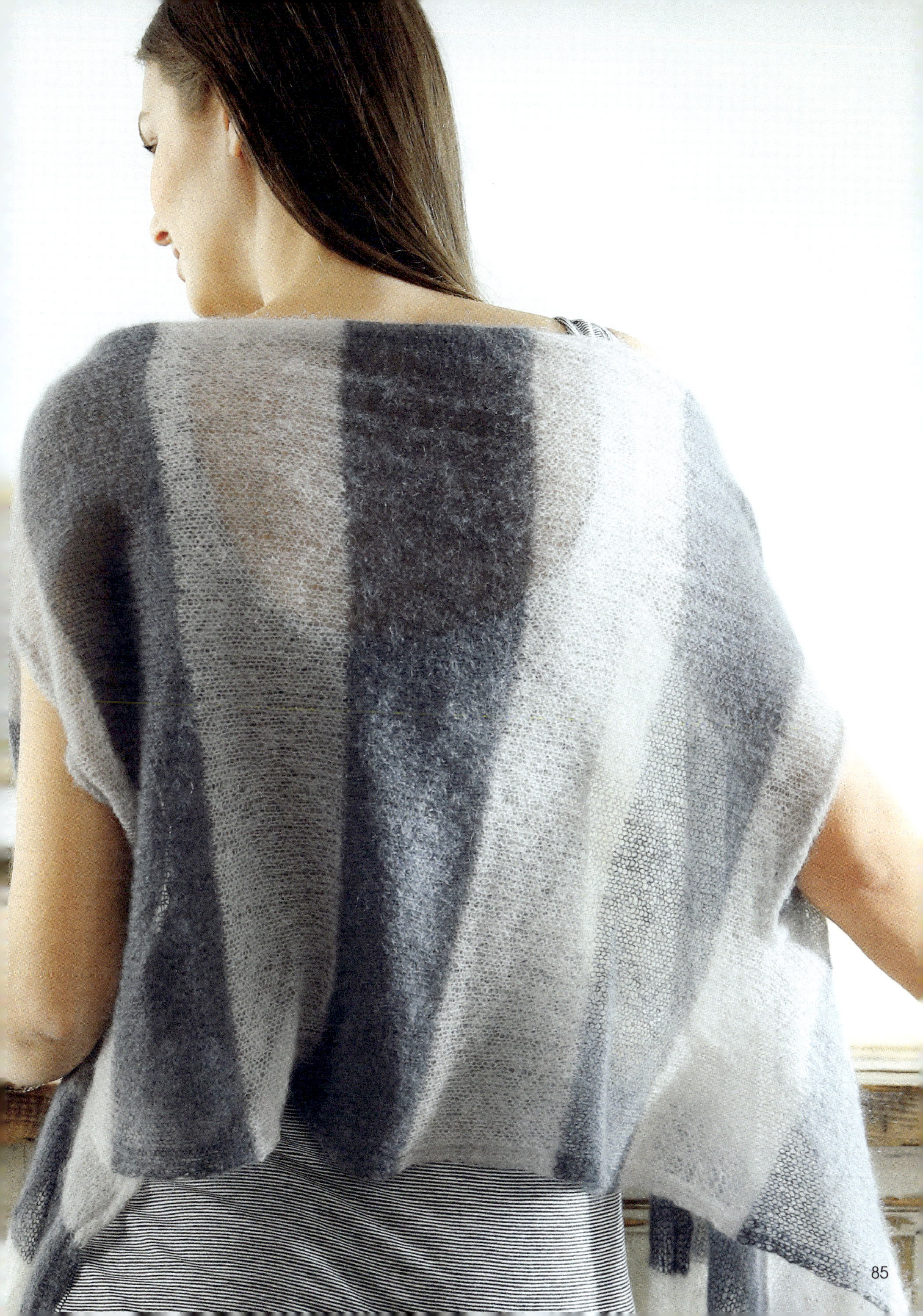

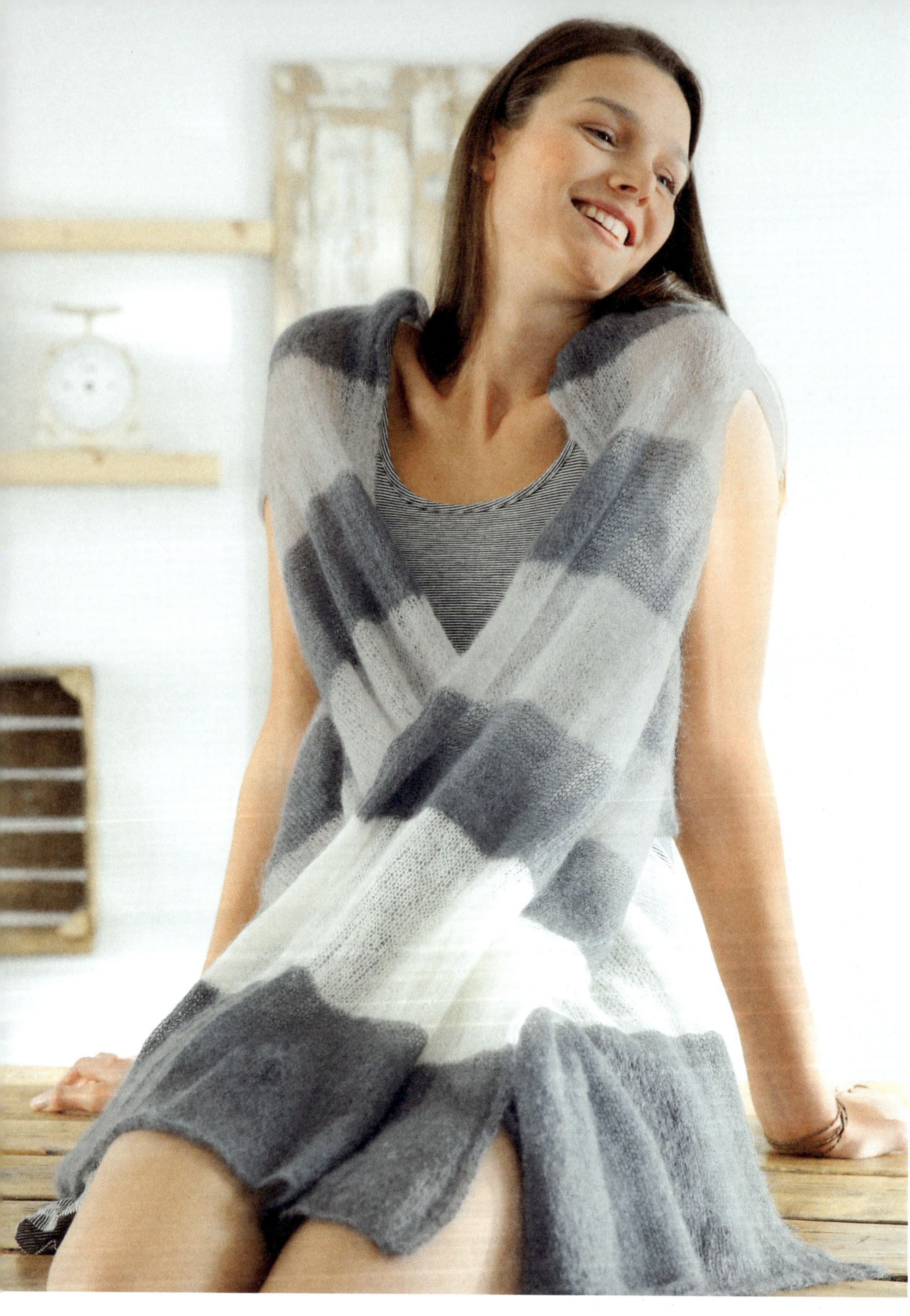

Allrounder in Streifenoptik

Stola mit Armlöchern

GRÖSSE
ca. 54 x 200 cm

MATERIAL
ggh-Garn KID (65 % Mohair, 5 % Schurwolle, 30 % Polyamid; Lauflänge ca. 250 m/25 g)
75 g in Flanellgrau **(Fb 110), 50 g** in Angorakanin **(Fb 125)** und **50 g** in Wollweiß **(Fb 102)**
Stricknadeln Nr. 3,5–4, Nadolspiel Nr. 3,5–4

MASCHENPROBE
Mit Nadeln Nr. 4,5 zweifädig glatt rechts gestrickt, ergeben 15 M und 26 R = 10 x 10 cm.

MUSTER
Glatt rechts
In Hinr rechte M, in Rückr linke M stricken.

Glatt links
In Hinr linke M, in Rückr rechte M stricken.

Streifenfolge
54 R in Flanellgrau, 41 R in Wollweiß, * 27 R in Flanellgrau und 27 R in Hellgrau, ab * 6 x stricken, 27 R in Flanellgrau, 41 Rin Wollweiß und 54 R in Flanellgrau = 541 R.

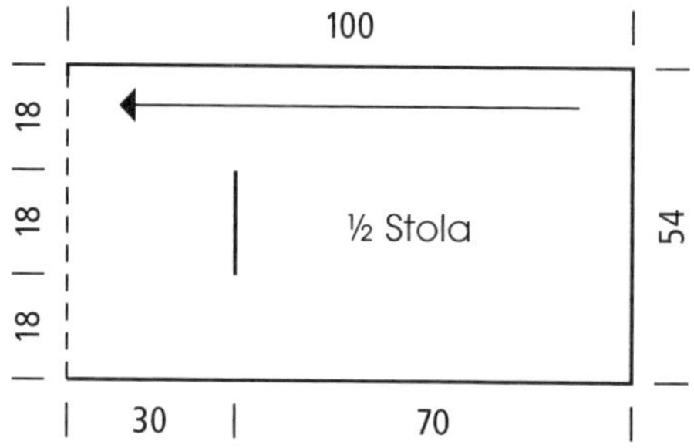

ANLEITUNG

Hinweis: Bei der beschriebenen Stola sind die Armausschnitte beidseitig der mittleren ca. 60 cm gearbeitet. Nach Wunsch kann die mittlere Breite den gewünschten Maßen entsprechend verringert oder verbreitert werden.

STOLA

110 M in Flanellgrau anschlagen und in der Streifenfolge stricken, dabei die 1. Rückr wie folgt arbeiten: 3 M inklusive Randm links, 2 M rechts, 100 M links, 2 M rechts, 3 M inklusive Randm links. Weiter die M stricken, wie sie erscheinen.

In ca. 70 cm Höhe, nach 13 R in Hellgrau, das 1. Armloch stricken. Dafür 37 M stricken, die folgenden 36 M mit einem Extrafaden abketten, dann mit einem neuen Faden die letzten 37 M stricken und die M stilllegen.

Mit den 2 Nadeln des Nadelspiels und einem glatten Extrafaden 36 M neu anschlagen. Nun von der Stola die ersten 37 M stricken, die 36 neu angeschlagenen M, dann die letzten 37 M stricken. Weiter über alle M arbeiten.

In ca. 130 cm Höhe, nach 13 R in Hellgrau, das 2. Armloch ebenso stricken.In ca. 200 cm Höhe, am Ende der Streifenfolge, die M abketten.

ZU GUTER LETZT

Die Extrafäden der Armlöcher abtrennen und die M mit den Nadeln des Nadelspiels auffangen. Nun jeweils mit 2 Fäden in Hellgrau 1 Rd rechte M stricken, dabei aus den Ecken noch je 1 M rechts verschränkt aus dem Querfaden stricken = 74 M. Dann 1 Rd links stricken. Danach die M abketten, dabei rechts stricken.

Das Teil spannen und unter feuchten Tüchern trocknen lassen.

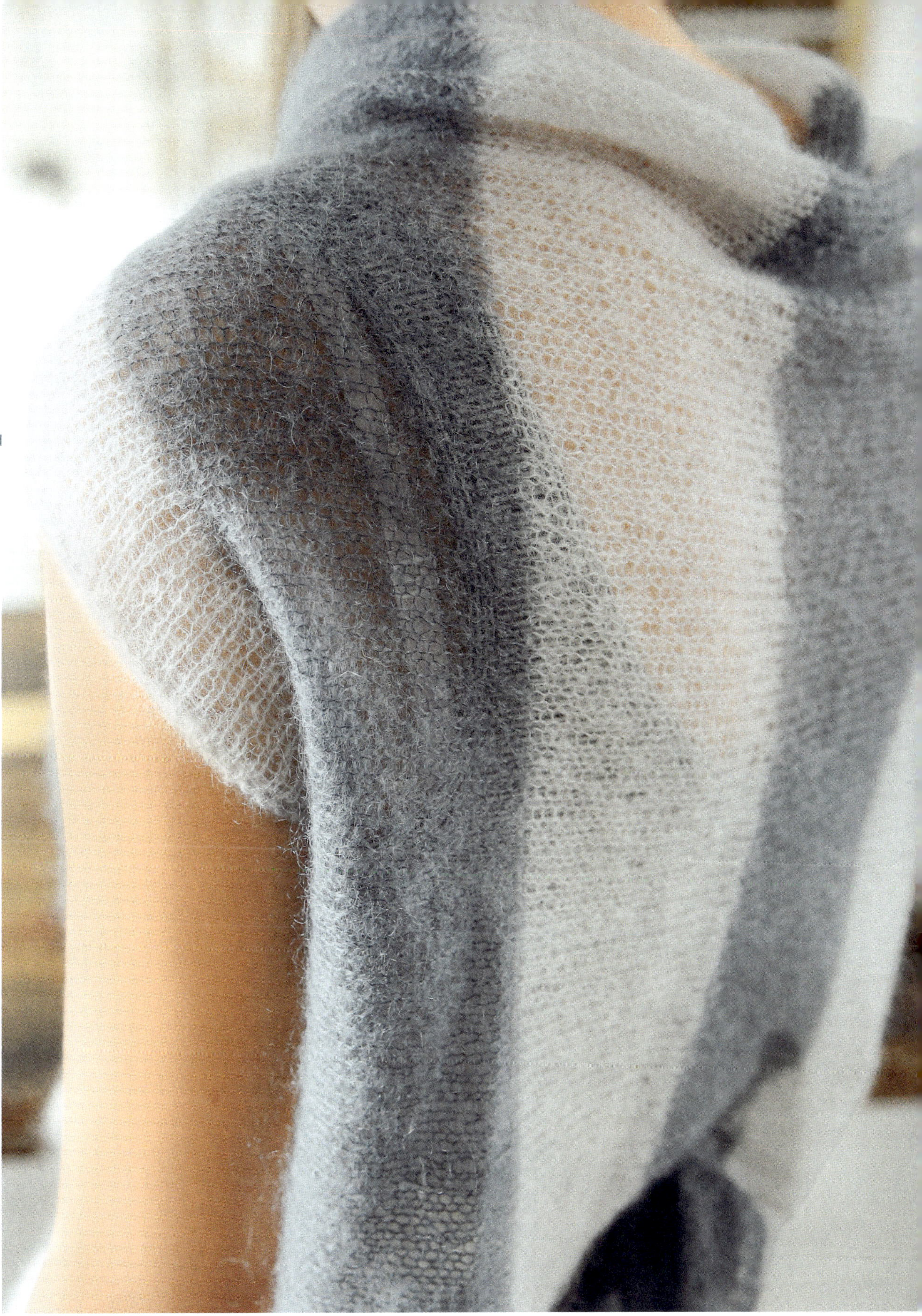

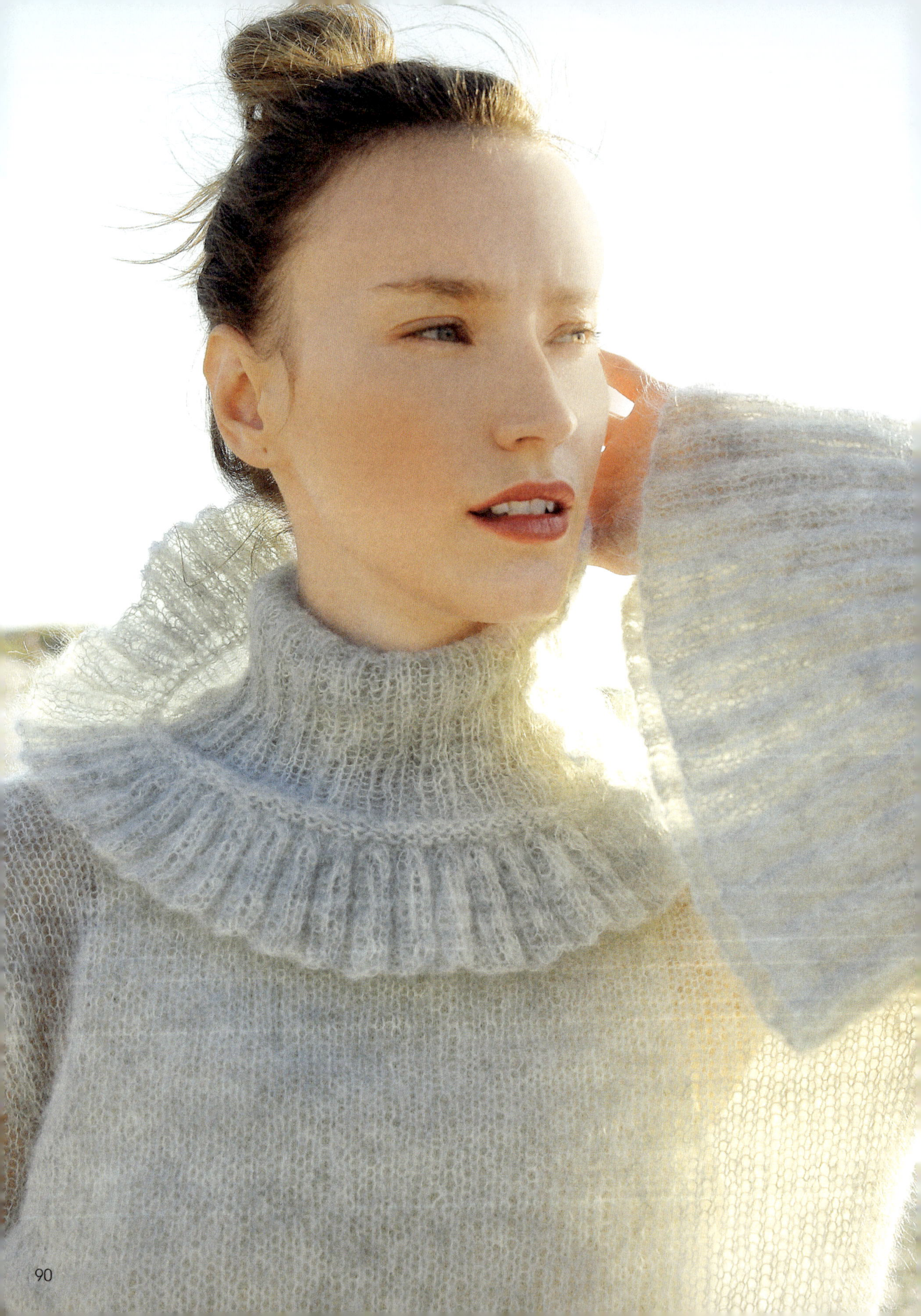

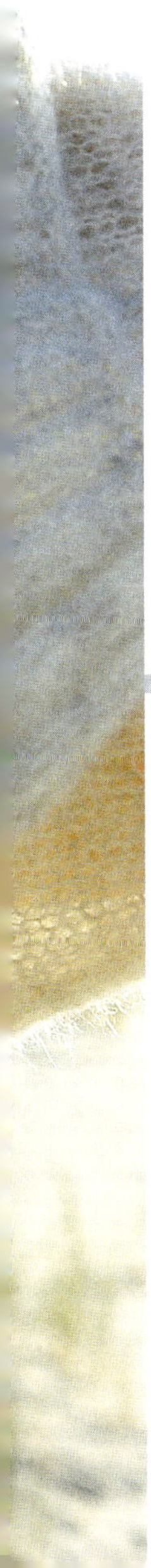

Das gewisse *Etwas*

Zartes Hellgrau und glatt rechts gestrickte Maschen bilden den dezenten Hintergrund, vor dem der opulente Rüschenkragen und die überlangen Trompetenärmel erst so richtig zur Geltung kommen – ein ultimatives Statement-Piece!

Das gewisse Etwas

Rüschenpulli mit Trompetenärmeln

GRÖSSE

36/38 (40/42) 44/46

Die Angaben für Größe 36/38 stehen vor der Klammer, die Angaben für Größe 40/42 in der Klammer vor dem Strich, die Angaben für Größe 44/46 in der Klammer nach dem Strich. Bei nur einer Angabe gilt diese für alle 3 Größen.

MATERIAL

ggh-Garn MOHAIR MELANGE (80 % Mohair, 20 % Polyamid; Lauflänge ca. 210 m/25 g)
150 (175/200) g in Hellgrau **(Fb 1)**
Stricknadeln Nr. 3,5 und 4
Rundstricknadel Nr. 3,5 und 4 in 40 cm Länge

MASCHENPROBE

Mit Nadeln Nr. 4 glatt rechts gestrickt, ergeben 17 M und 25 R = 10 x 10 cm.

MUSTER

Bündchenmuster
2 M rechts, 2 M links im Wechsel stricken.

Glatt rechts
In Hinr rechte M, in Rückr linke M stricken.

Randmasche
Glatter Rand: In Hin-R die erste M wie zum Rechtsstricken abheben, die letzte M rechts stricken. In Rück-R die erste M wie zum Linksstricken abheben, die letzte M links stricken.

Betonte Abnahmen
In Hin-R abnehmen. Am Anfang der R: Randm, 1 M rechts, dann 1 M wie zum Linksstricken abheben, 1 M rechts stricken und die abgehobene M über die gestrickte M ziehen. Am Ende der R: Bis 4 M vor R-Ende stricken, dann 2 M rechts zusammenstricken und die R mit 1 rechten M und der Randm beenden.

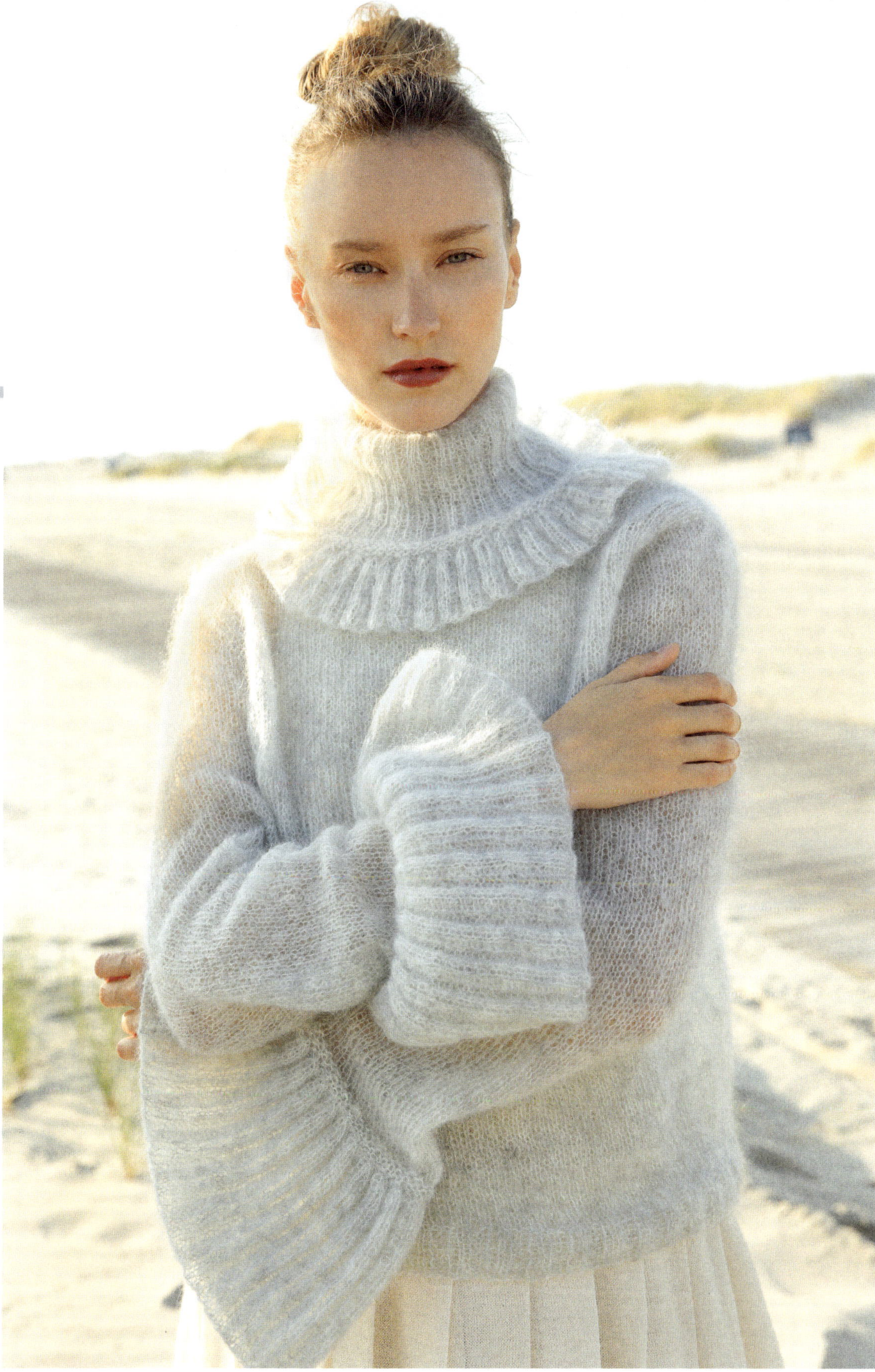

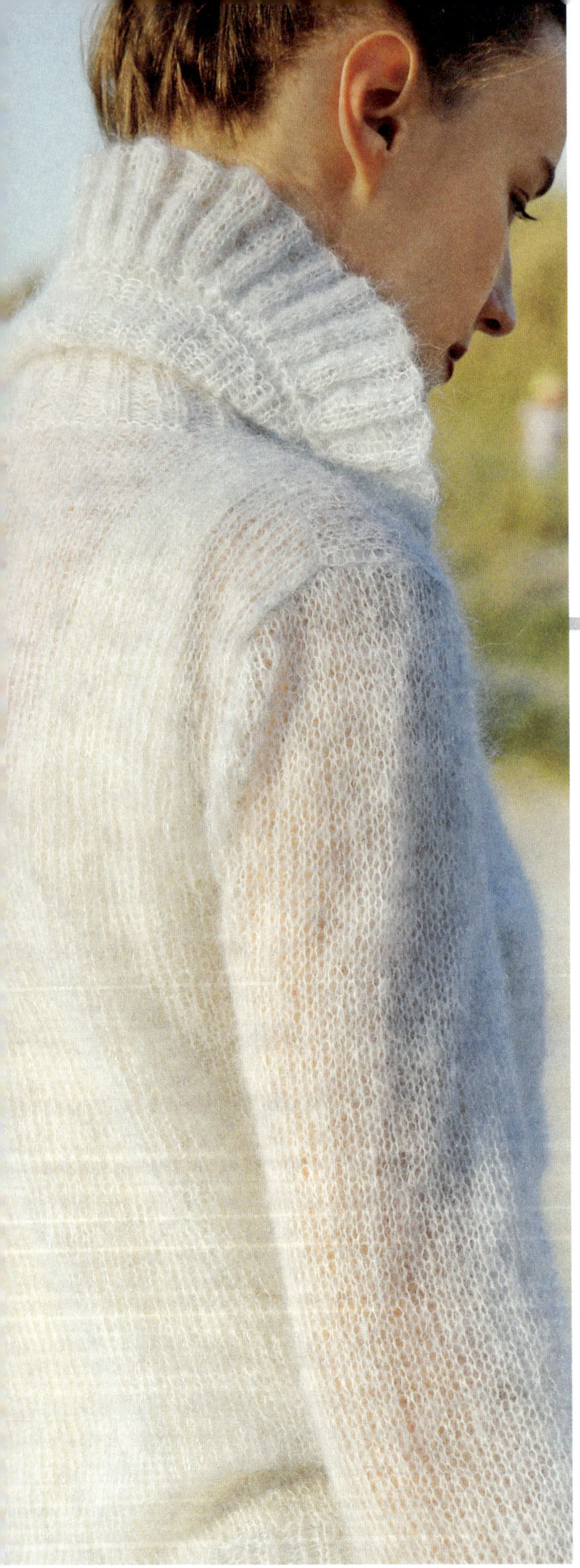

ANLEITUNG

RÜCKENTEIL

Mit Nadeln Nr. 3,5 und doppeltem Faden 86 (94/100) M anschlagen.

Mit einfachem Faden im Bündchenmuster weiterstricken. Die erste R ist eine Rückr, dabei mit 2 (2/3) linken M beginnen und enden.

Nach 11 R zu Nadeln Nr. 4 wechseln und weiter glatt rechts arbeiten.

In 40 cm Gesamthöhe beidseitig 6 M abketten und noch 4 x in jeder 2. R 1 M betont abnehmen wie beschrieben = 66 (74/80) M.

In 58 (59/60) cm Gesamthöhe alle M abketten. Es entfallen je 19 (22/25) M auf die Schultern und 28 (30/30) M auf den hinteren Halsausschnitt.

VORDERTEIL

Das Vorderteil ist 4 cm länger als das Rückenteil.

Bis zu einer Gesamthöhe von 48 cm stricken, wie für das Rückenteil beschrieben, dann den vorderen Halsausschnitt arbeiten. Hierzu die mittleren 20 (22/22) M stilllegen und beide Seiten getrennt über 23 (26/29) M beenden.

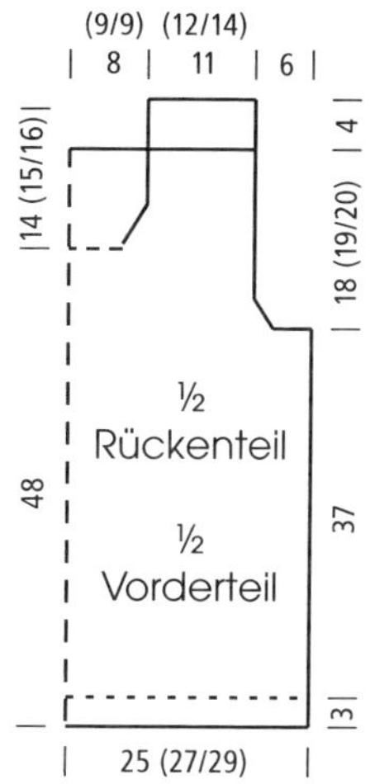

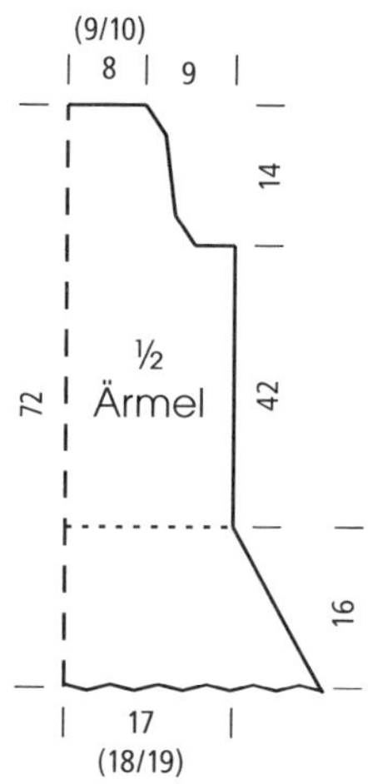

An der zum Ausschnitt zeigenden Seite in jeder 2. R noch 4 x 1 M abnehmen wie beschrieben = 1 (22/25) Schulter-M.
In 62 (63/64) cm Gesamthöhe die M abketten.

ÄRMEL

170 (174/178) M mit doppeltem Faden und Nadeln Nr. 4 anschlagen. Die erste R ist eine Rückr.
Ab nun nur noch mit einfachem Faden weiterarbeiten und die M wie folgt einteilen: 1 Randm, 0 (2/4) linke M, 28 x * 3 M rechts, 3 M links im Wechsel stricken * und die R beenden mit 0 (2/4) linken M und 1 Randm.
Nach 14 cm jede der 56 Rippen von 3 M auf 1 M verkleinern, indem 1 doppelter Überzug (= 1 M abheben, 2 M mustergemäß zusammenstricken, dann die abgehobene M über die gestrickte M ziehen) gearbeitet wird = 58 (62/66) M.
In der folgenden Rückr mit Nadeln Nr. 3,5 nur rechte M, dann 1 Hinr linke M und noch 1 Rückr rechte M stricken. Ab folgender Hinr wieder zu Nadeln Nr. 4 wechseln und glatt rechts stricken.
In 58 cm Gesamthöhe beidseitig 6 M abketten = 46 (50/54) M. Danach 4 x in jeder 2. R, 3 x in jeder 4. R und noch 4 x in jeder 2. R 1 M betont abnehmen wie beschrieben = 24 (28/32) M.
In 14 cm Kugelhöhe die verbleibenden M abketten.

ZU GUTER LETZT

Die Schulter-, Ärmel- und Seitennaht schließen. Die Ärmel in das Armloch nähen.
Für den Rüschenkragen mit der Rundstricknadel Nr. 3,5 insgesamt 84 (88/92) M aus dem Halsausschnitt auffassen und dabei die stillgelegten M des vorderen Halsausschnitts einbeziehen. Die M zur Rd schließen, 1 Rd linke M und dann 20 cm im Bündchenmuster stricken. Die folgenden 4 Rd mit doppeltem Faden stricken: 1 Rd linke M und 3 Rd rechte M. Dann weiter mit einfachem Faden arbeiten und in der nächsten Rd aus jeder M 3 M herausstricken, indem 1 x von vorn, 1 x von hinten und 1 x von vorn in die M gestochen wird = 252 (264/276) M. In den folgenden 12 Rd 3 M rechts, 3 M links im Wechsel stricken, dann alle M locker abketten.

Sand & Grün

wie Wüste und Oase

Kurz und *prägnant*

Federleichtes Garn, bauschige Ballonärmel und am Vorderteil ein kesser Knoten – das ist das Erfolgsrezept, um aus einem simpel gestrickten Pulli ein stylisches Lieblingsstück mit Wohlfühlgarantie zu machen!

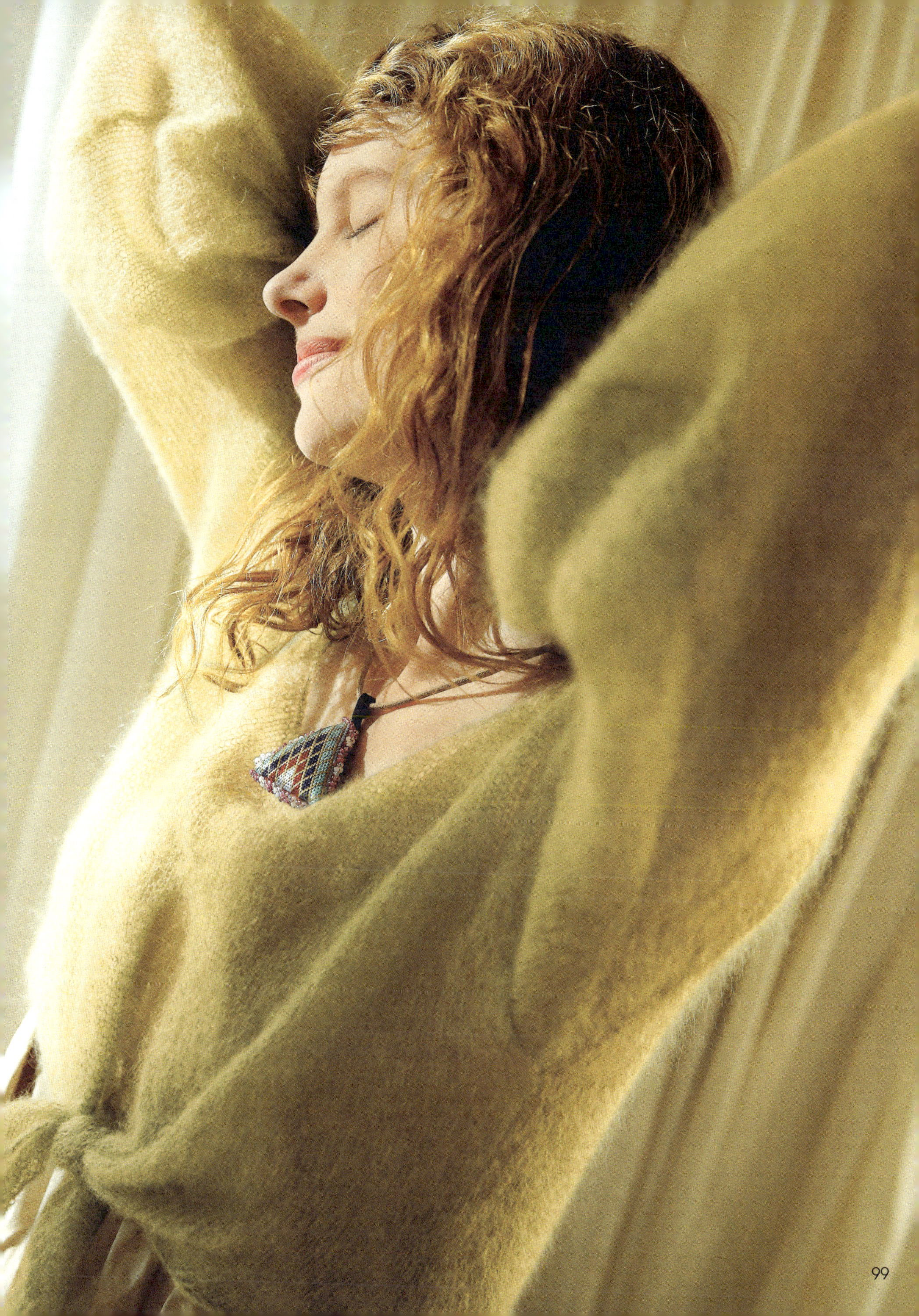

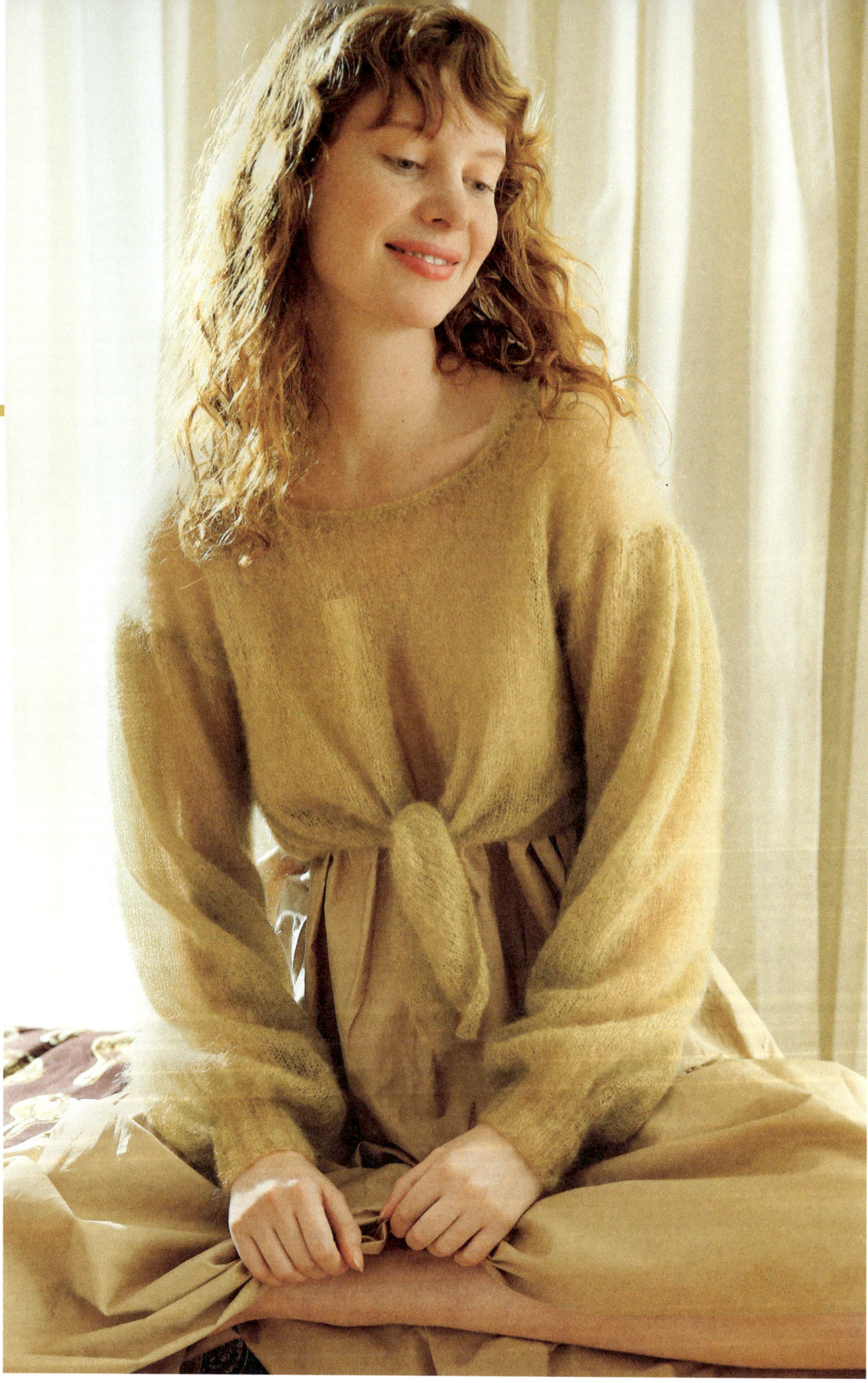

Kurz und prägnant

Kurzer, geknoteter Pulli mit Ballonärmeln

GRÖSSE

36/38 (40/42) 44/46
Die Angaben für Größe 36/38 stehen vor der Klammer, die Angaben für Größe 40/42 in der Klammer vor dem Strich, die Angaben für Größe 44/46 in der Klammer nach dem Strich. Bei nur einer Angabe gilt diese für alle 3 Größen.

MATERIAL

ggh-Garn KID (65 % Mohair, 5 % Schurwolle, 30 % Polyamid; Lauflänge ca. 250 m/25 g)
100 (100/125) g in Helles Khaki **(Fb 147)**
Stricknadeln Nr. 3–3,5 und 3,5–4
Rundstricknadel Nr. 3–3,5 in 40 cm Länge

MASCHENPROBE

Mit Nadeln Nr. 3,5–4 glatt rechts gestrickt, ergeben 19 M und 32 R = 10 x 10 cm.

MUSTER

Bündchenmuster
2 M rechts, 2 M links im Wechsel stricken.

Glatt rechts
In Hinr rechte M, in Rückr linke M stricken.
Anleitung
Hinweis: Rücken- und Vorderteil werden in einem Stück gestrickt.

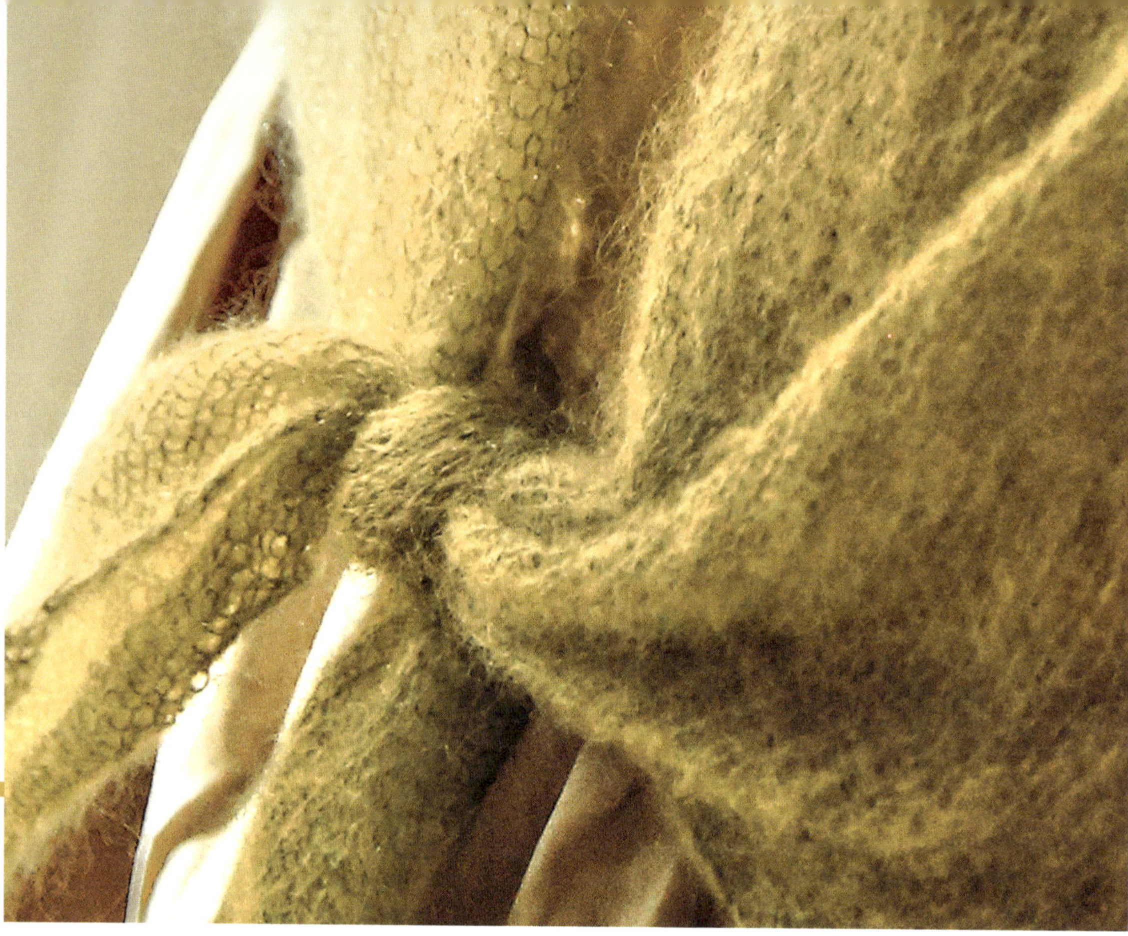

ANLEITUNG

Hinweis: Rücken- und Vorderteil werden in einem Stück gestrickt.

RÜCKEN- UND VORDERTEIL

Mit dem Rückenteil beginnen. Hierzu 90 (98/106) M mit Nadeln Nr. 3,5–4 anschlagen und mit einer Rückr linke M beginnen. Glatt rechts bis zu einer Gesamthöhe von 38 (40/42) cm stricken.

Für den hinteren Ausschnitt die mittleren 40 (42/44) M abketten und beide Schultern getrennt über 25 (28/31) M bis zu einer Höhe von 6 cm ab Halsausschnitt weiterstricken. Für den vorderen Ausschnitt nun an der zum Ausschnitt zeigenden Seite 5 x in jeder 2. R neben der Randm 1 M zunehmen, indem die M aus dem Querfaden gestrickt wird = 30 (33/36) M. Nach der letzten Zunahme bei einem der beiden Teile an der zum Ausschnitt zeigenden Seite 30 (32/34) M zusätzlich aufstricken und die zweite Schulter auf dieselbe Nadel stricken = 90 (98/106) M.

10 cm über 90 (98/106) M stricken. Danach das Vorderteil in zwei Hälften von je 45 (49/53) M teilen, getrennt beenden und die Zipfel, die später geknotet werden, anfertigen.

ZIPFEL

An der zur Mitte zeigenden Seite in jeder 4. R 1 M zunehmen, indem zwischen der 4. und 5. M 1 M aus dem Querfaden gestrickt wird.

In 80 cm Gesamthöhe an der zur Seitennaht zeigenden Seite alle M bis auf 30 (34/38) M mit doppeltem Faden abketten. Weiter an dieser Seite in jeder 2. R 1 x 6 M, 1 x 3 M und dann fortlaufend immer 2 M abketten.

Gleichzeitig an der mittleren Kante weiterhin zunehmen wie beschrieben.

Wenn nur noch 6 M auf der Nadel sind, alle M abketten.

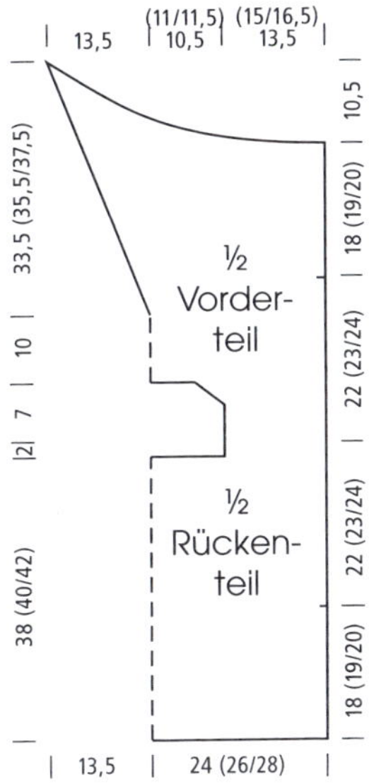

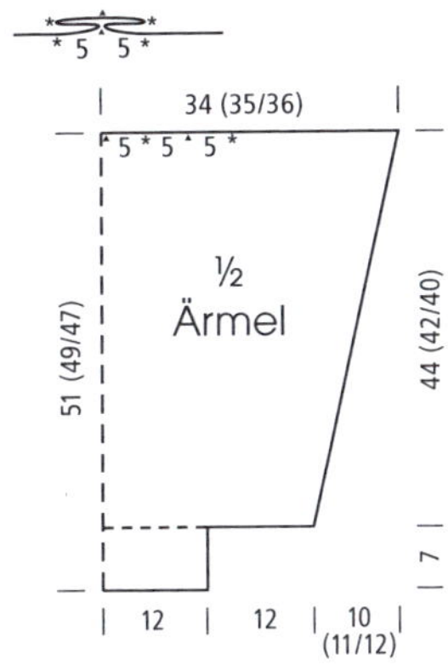

ÄRMEL

46 M mit Nadeln Nr. 3–3,5 anschlagen und im Bündchenmuster stricken, dabei in einer Rückr mit 2 linken M beginnen und enden. Nach 7 cm zu Nadeln Nr. 3,5–4 wechseln und weiter glatt rechts stricken. In der ersten R mit doppeltem Faden stricken. In der folgenden R nur noch mit einem Faden stricken, dabei alle M einzeln abstricken. So verdoppelt sich die M-Zahl = 92 M. Weiter glatt rechts stricken. Dabei beidseitig 9 x (8 x/7 x) in jeder 12. R und danach 10 x (13 x/16 x) in jeder 2. R neben den Randm 1 M zunehmen, indem 1 M aus dem Querfaden gestrickt wird = 130 (134/138) M.

In 51 (49/47) cm Gesamthöhe zwei Falten legen: 35 (37/39) M stricken, für die 1. Falte 3 x 10 M auf Hilfsnadeln voreinander legen (es liegen 3 Lagen übereinander). Die erste Nadel liegt vorn, die zweite Nadel dahinter, die beiden Lagen liegen also links auf links aufeinander. Die 3. Nadel liegt hinten und liegt mit den Maschen der zweiten Nadel rechts auf rechts aufeinander. Alle drei Lagen zusammenstricken = 10 M.

Für die 2. Falte den Vorgang in umgekehrter Reihenfolge wiederholen: Die erste Nadel liegt hinten, die zweite Nadel in der Mitte und die dritte Nadel liegt vorn. Die Falten liegen gegengleich. 35 (37/39) M rechts stricken = 90 (94/98) M.

Noch 1 R stricken, dann alle M abketten.

HALSBLENDE

Aus dem Halsausschnitt mit der Rundstricknadel Nr. 3–3,5 mit doppeltem Faden 106 (110/114) M auffassen. 1 Rd linke M und 1 Rd rechte M stricken, dann alle M locker abketten.

ZU GUTER LETZT

Die Seitennähte über 18 (19/20) cm und die Unterarmnaht im Maschenstich schließen. Ärmel einnähen, dabei die Ärmelkante etwas einhalten.

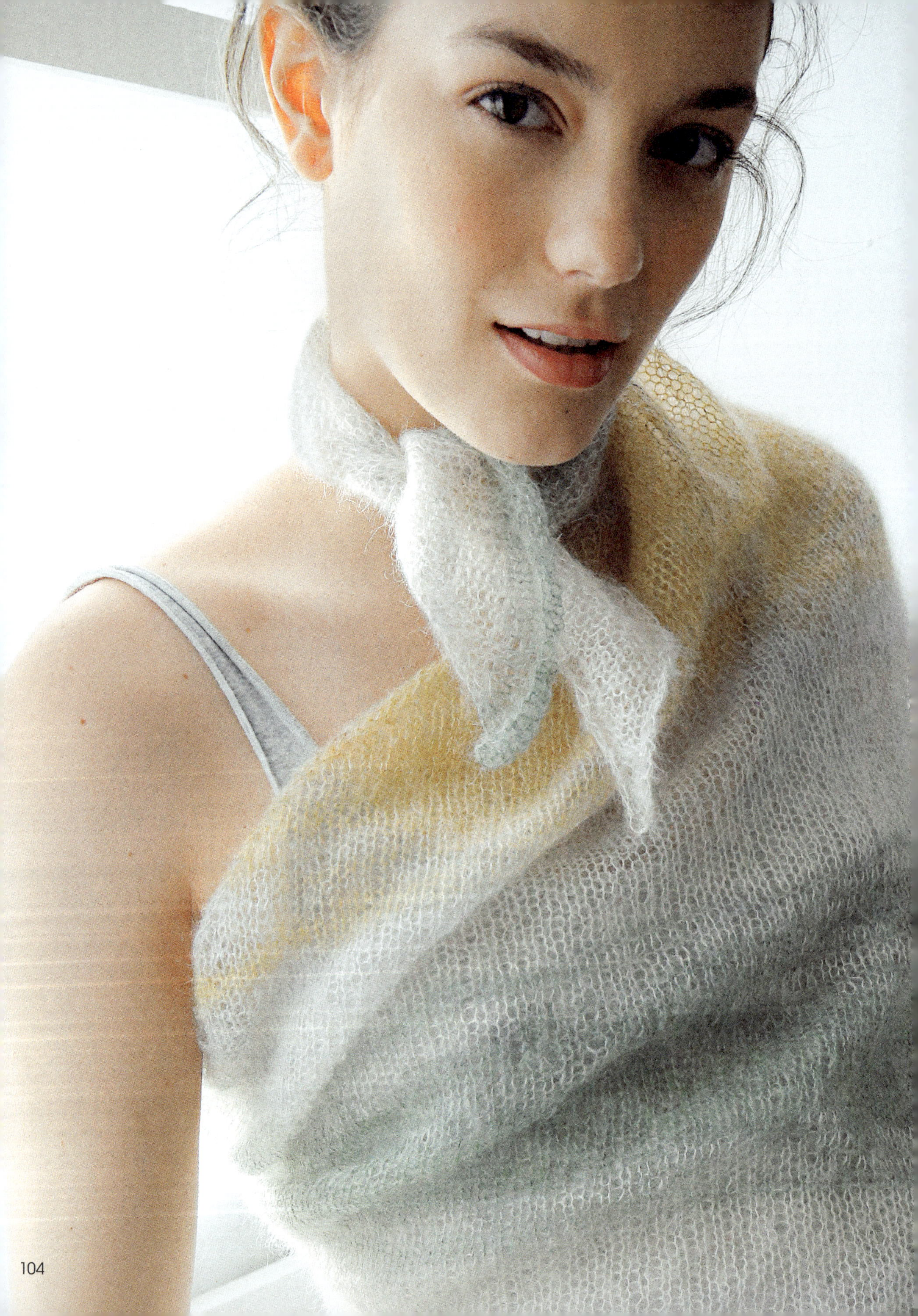

Klassiker neu *interpretiert*

Das klassische Dreieckstuch ist einfach nur glatt rechts gestrickt und damit ruckzuck fertig. Zum Hingucker wird es durch die transparente Textur, den Farbverlauf des Garns und die verschiedenen Tragevarianten.

Klassiker neu *interpretiert*

Dreieckstuch

GRÖSSE
Seitenlänge je ca. 100 m

MATERIAL
ggh-Garn KIDSEDA (70 % Mohair, 30 % Seide; Lauflänge ca. 210 m/25 g)
50 g in Silber-Messing-meliert **(Fb 207)**
Stricknadeln Nr. 5–5,5

MASCHENPROBE
Nach dem Waschen und Spannen ergeben ca. 16 M und 23–24 R = 10 x 10 cm.

MUSTER
Glatt rechts
In Hinr rechte M, in Rückr linke M stricken.

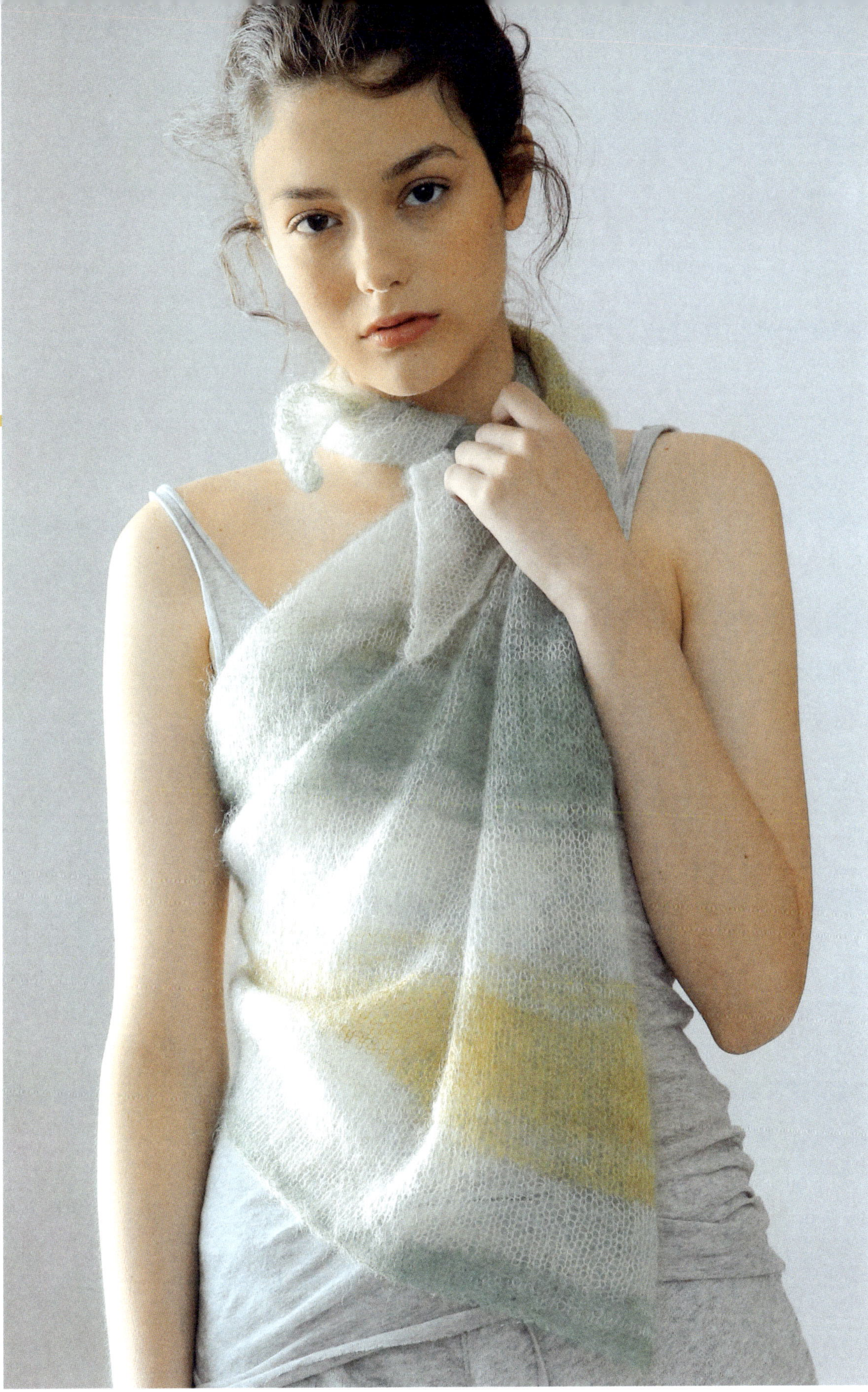

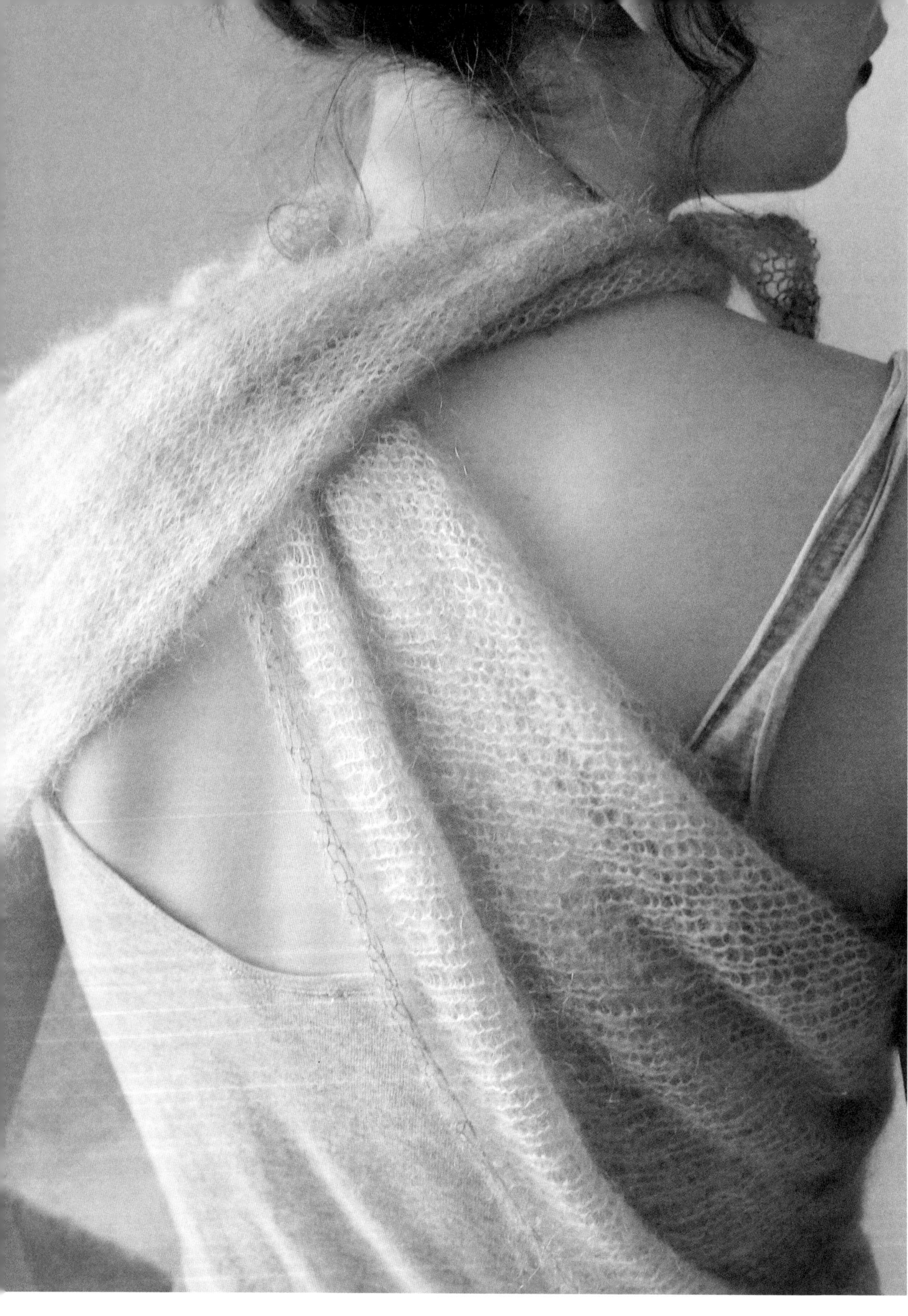

ANLEITUNG

Hinweis: Beim Knäuelwechsel Anfangs- und Endfaden an einer Seitenkante über ca. 6 M zusammen verstricken, dabei die Farben aufeinander abstimmen.

DREIECKSTUCH

160 M sehr locker anschlagen und 1 Rückr li, dann alle M inklusive Randm glatt rechts stricken. Dabei an der linken Kante die Abnahmen wie folgt str:

1. R (= Hinr): Bis 4 M vor Ende der R stricken, dann 2 M rechts zusammenstricken, 1 M rechts, Randm.

2. R (= Rückr): Randm und 1 M links stricken, dann 2 M links zusammenstricken und die R beenden.

3. R: Ohne Abnahme stricken.

4. R: Wie die 2. R stricken.

5. R: Wie die 1. R stricken.

6. R: Ohne Abnahme stricken.

Die 1. bis 6. R stets wiederholen, bis noch 4 M auf der Nadel sind. In der folgenden R die mittleren 2 M mustergemäß zusammenstricken, dann die restlichen 3 M abketten und den Faden durchziehen.

ZU GUTER LETZT

Das Teil waschen, spannen und trocknen lassen.

Maschen zum *Träumen*

Das Farbspiel des extrabreiten Schultertuchs beruht auf dem verwendeten Colorgarn, die Zacken bilden sich durch Zu- und Abnahmen innerhalb des Lochmusters wie von selbst – so entsteht auf einfache Weise ein flauschig-leichter Maschentraum!

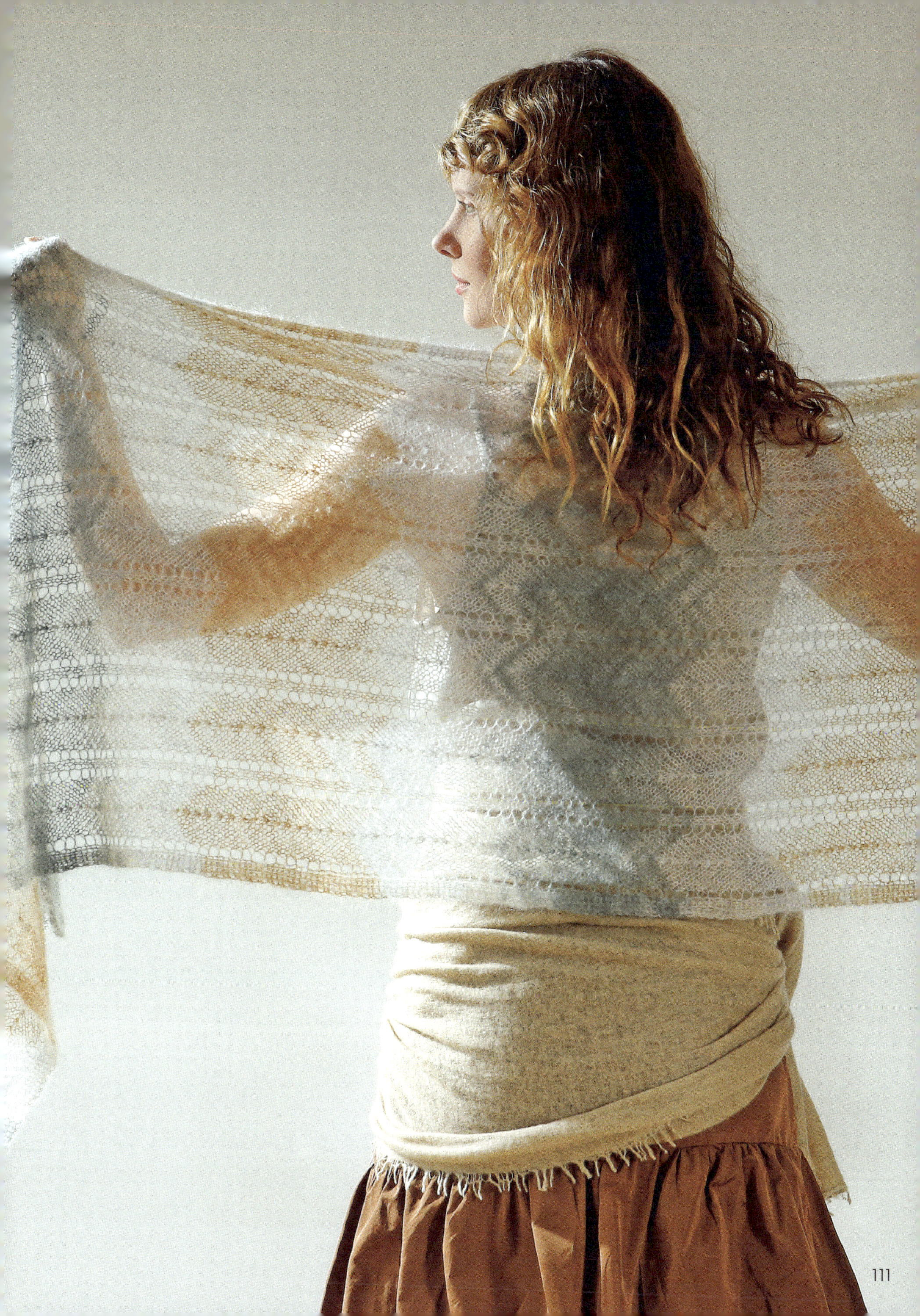

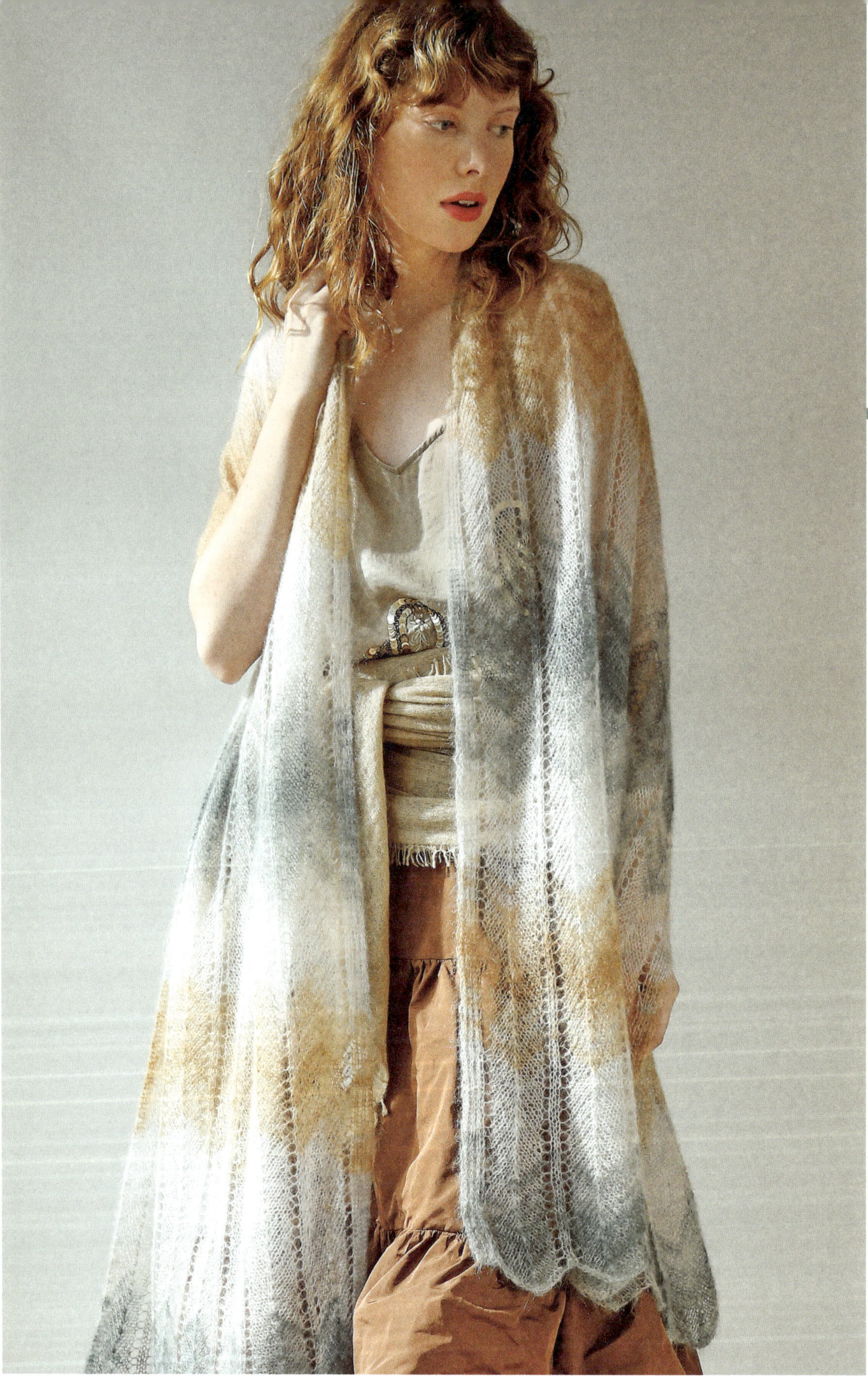

Maschen zum Träumen

Extrabreiter Schal mit Farbverlauf

GRÖSSE
ca. 60 x 230 cm

MATERIAL
ggh-Garn KIDSEDA (70 % Mohair, 30 % Seide; Lauflänge ca. 210 m/25 g)
100 g in Silber-Messing-meliert **(Fb 207)**
Stricknadeln Nr. 3,5–4,5

MASCHENPROBE
Mit Nadeln Nr. 3,5–4,5 im Zackenmuster gestrickt, ergibt nach dem Spannen 1 Rapport in der Breite = 8,5cm und 22 R in der Höhe = 10 cm.

MUSTER
Bündchenmuster
1 M rechts, 1 M links im Wechsel stricken.

Lochmuster
Siehe Schema. Maschenzahl teilbar durch 15 M. Es sind nur Hinr gezeichnet. In den Rückr alle M und Umschläge links stricken. Die 1. bis 2. R stets wiederholen.

Schema für das Lochmuster

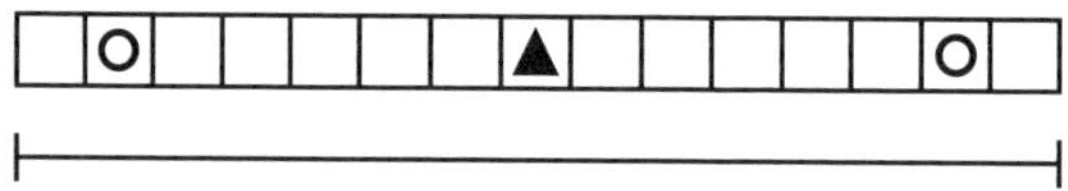

1

Rapport: 15 Maschen

Zeichenerklärung

□ = 1 M glatt rechts (= in Hinr rechte M, in Rückr linke M stricken)

⊡ = 1 Umschlag, in der Rückr links stricken

▲ = 1 doppelter Überzug (= 1 M rechts abheben, 2 M rechts zusammenstricken und die abgehobene M überziehen)

ANLEITUNG

117 M anschlagen und 1 Rückr rechte M stricken.

Danach in folgender Einteilung weiterarbeiten: 6 M im Bündchenmuster stricken, dabei mit 1 M rechts beginnen und mit 1 M linksd enden, 7 x den Rapport über 15 M nach Schema arbeiten und die R mit 6 M im Bündchenmuster beenden, dabei mit 1 M links beginnen und mit 1 M rechts enden.

In 180 cm Gesamthöhe alle M abketten.

Das endgültige Maß ergibt sich durch das Spannen.

ZU GUTER LETZT

Schal spannen und unter feuchten Tüchern trocknen lassen.

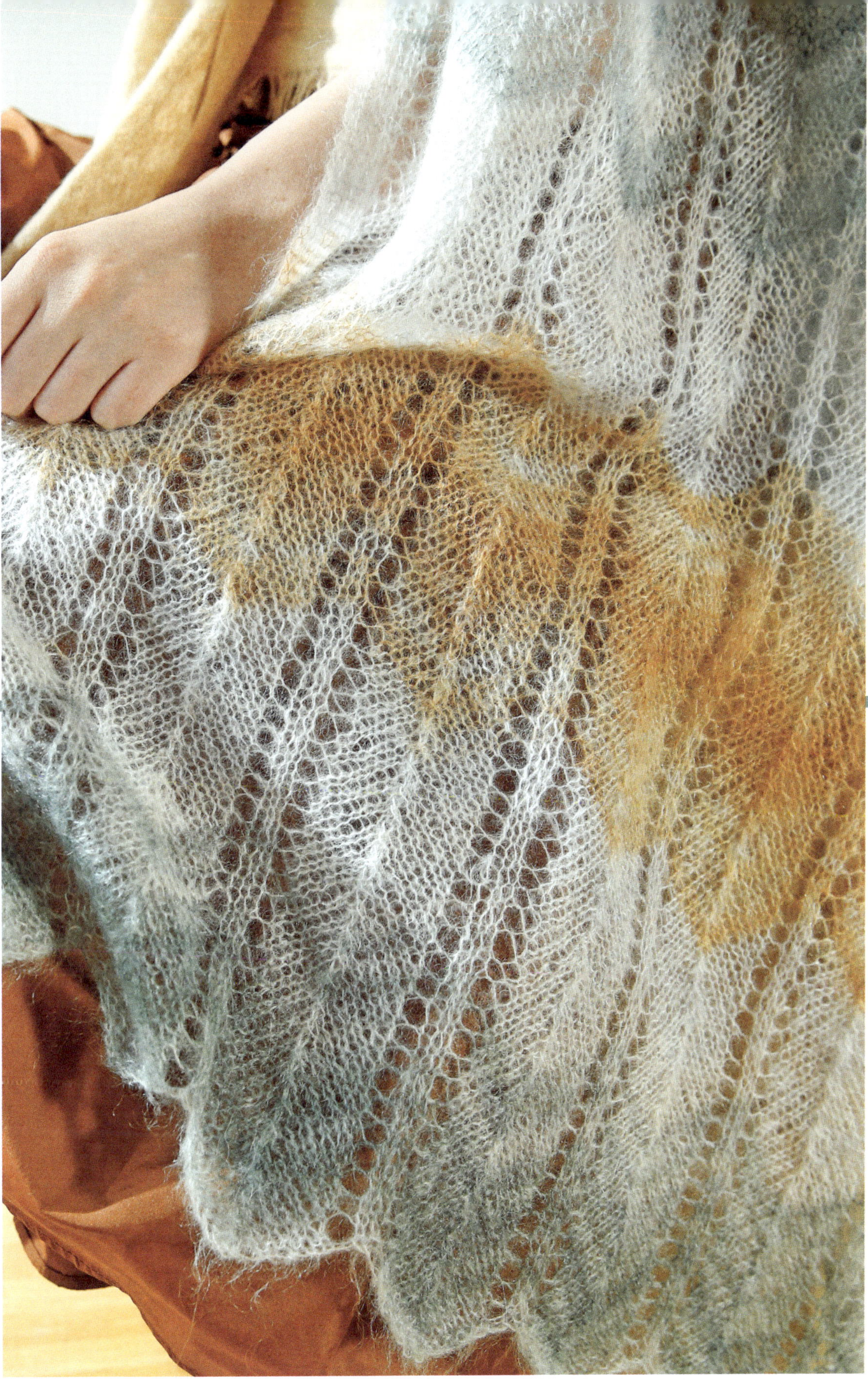

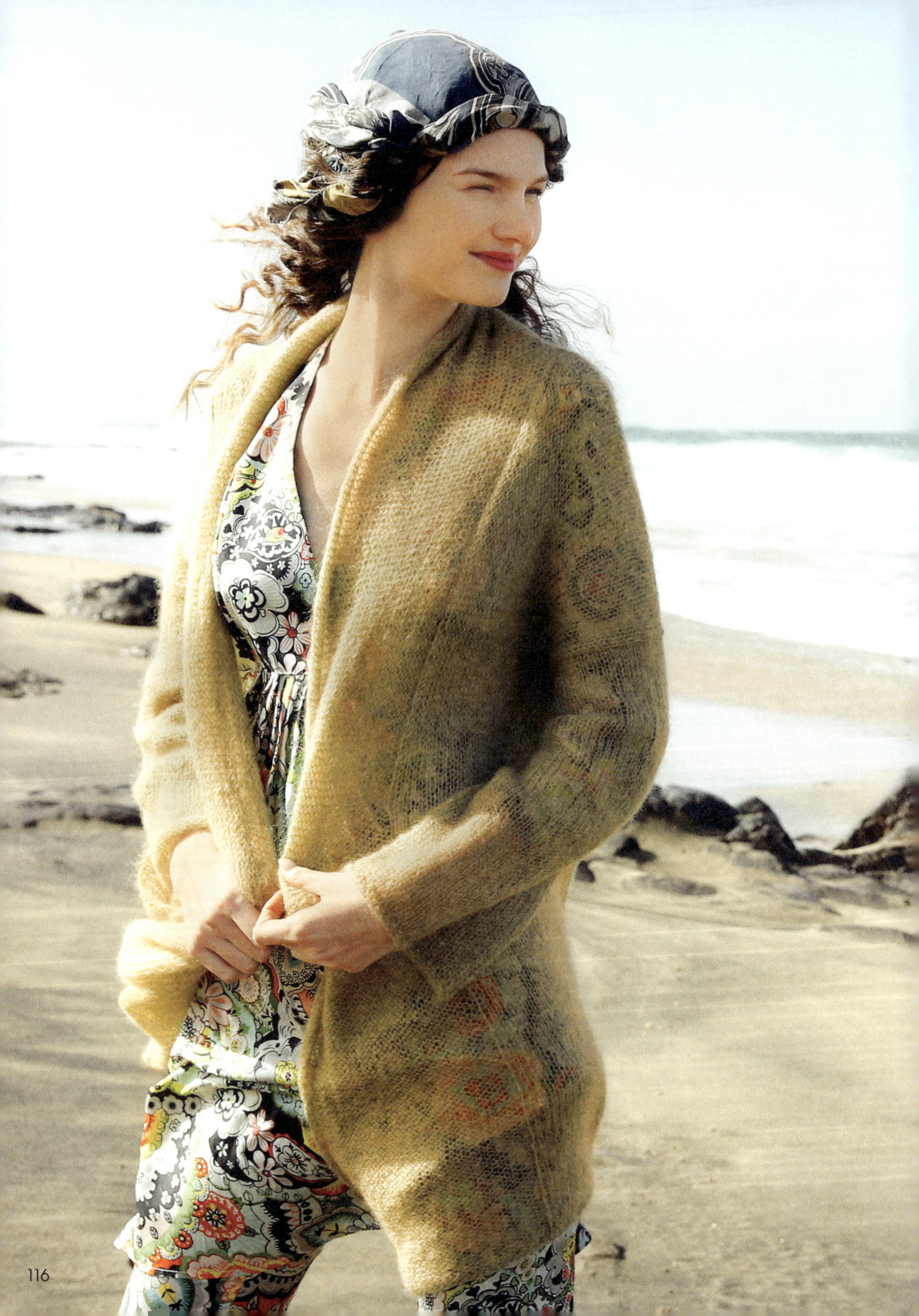

Leicht & lässig

Weit geschnittene Stricksachen wie diese Jacke sind wieder voll im Trend. Genauso lässig wie der gerade Schnitt ist die Technik: Das Wohlfühl-Piece mit angestrickten Ärmeln wird mit doppeltem Faden glatt rechts gestrickt, Blende und Schalkragen sind glatt links gearbeitet.

Leicht & lässig

Weite Mohair-Jacke

GRÖSSE

36–42 (44–50)
Die Angaben für Größe 36–42 stehen vor der Klammer, die Angaben für Größe 44–50 in der Klammer. Bei nur einer Angabe gilt diese für beide Größen.

MATERIAL

ggh-Garn KID (65 % Mohair, 5 % Schurwolle, 30 % Polyamid; Lauflänge ca. 250 m/25 g)
225 (275) g in Messing **(Fb 130)**
Stricknadeln Nr. 4–4,5 und 5–5,5

MASCHENPROBE

Nach dem Waschen und Spannen ergeben ca. 16 M und 23–24 R = 10 x 10 cm.

MUSTER

Glatt rechts
In Hinr rechte M, in Rückr linke M stricken.

Glatt links
In Hinr linke M, in Rückr rechte M stricken.

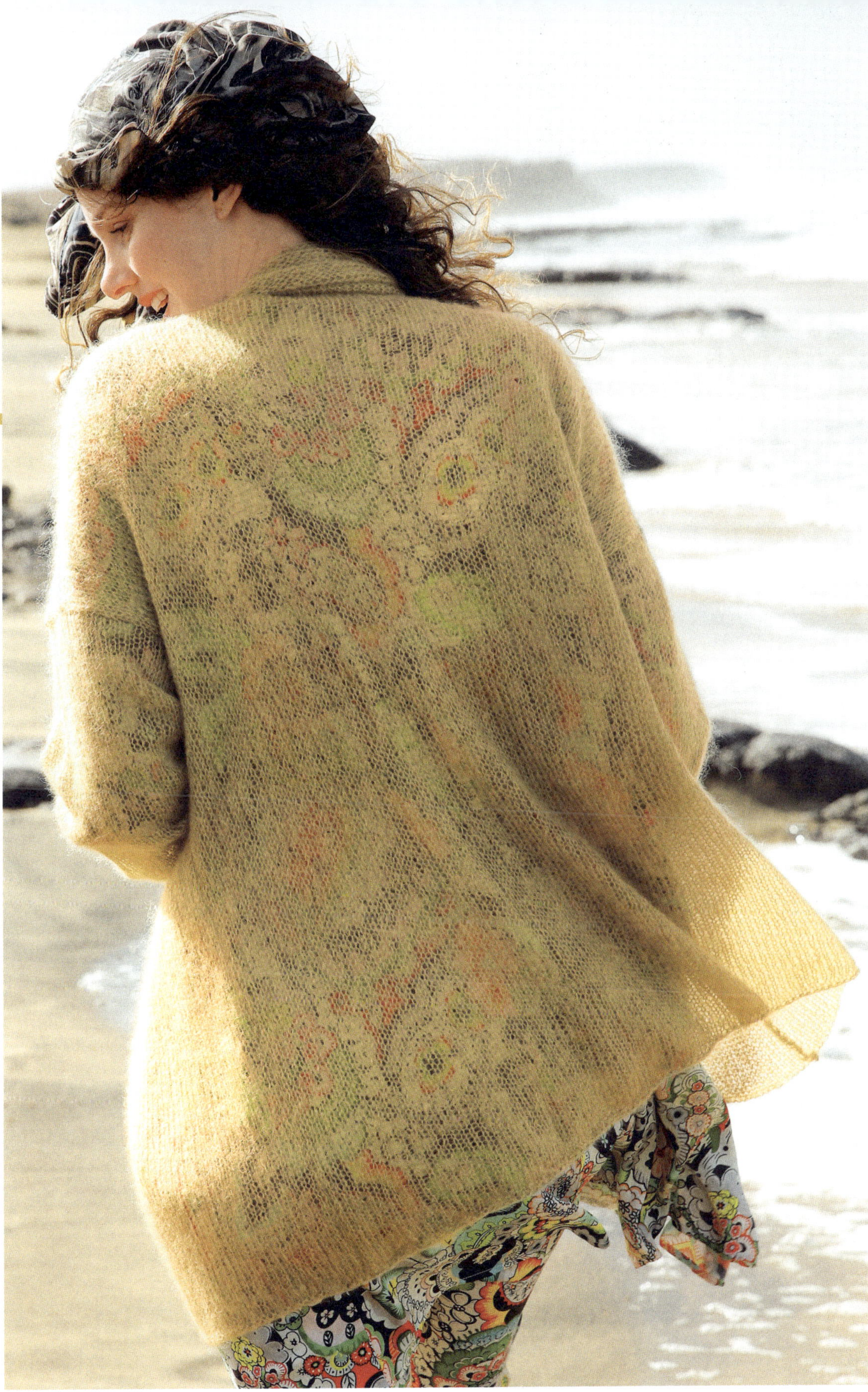

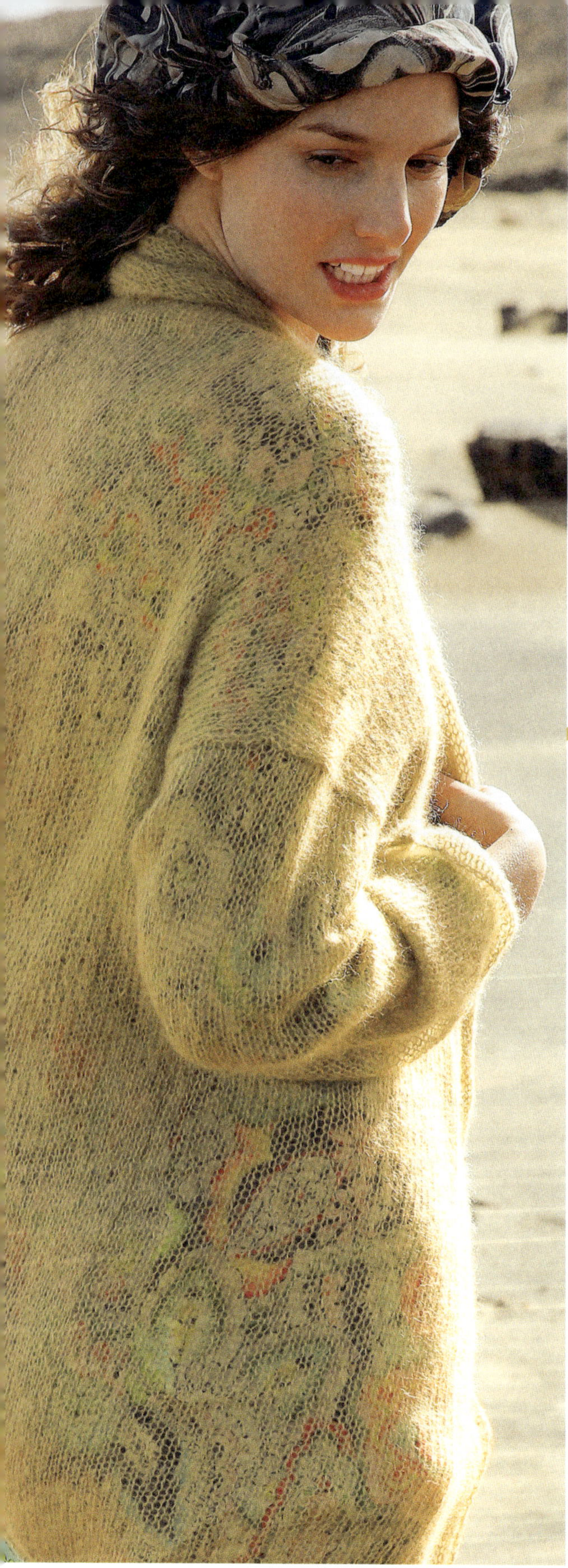

ANLEITUNG

Hinweis: Die Jacke wird 2-fädig gestrickt; hierzu bei jedem Knäuel jeweils 1 Faden aus dem Inneren des Knäuels und 1 Faden von außen nehmen.

RÜCKENTEIL

100 (114) M mit Nadeln Nr. 4–4,5 und 2 Fäden anschlagen und 1 Rückr rechts stricken. Dann mit Nadeln Nr. 5–5,5 glatt rechts arbeiten.In 68 cm Höhe für die Schulterschrägungen beidseitig 1 x 3 M, dann in jeder 2. R 11 x 3 M (4 x 3 M und 7 x 4 M), danach die restlichen 28 M für den Halsausschnitt gerade abketten.

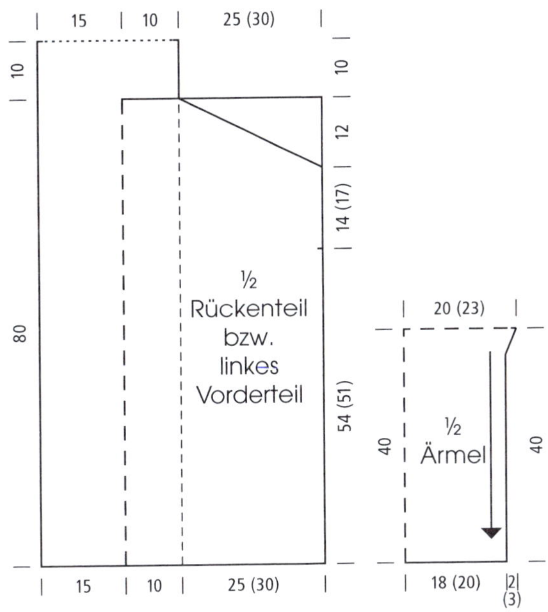

LINKES VORDERTEIL

72 (79) M mit Nadeln Nr. 4–4,5 und 2 Fäden anschlagen und 1 Rückr rechts stricken. Weiter mit Nadeln Nr. 5–5,5 arbeiten und die M wie folgt einteilen: Randm und 35 (42) M glatt rechts, die restlichen 36 M inklusive Randm glatt links stricken.In 80 cm Höhe die ersten 36 (43) M für die Schulter gerade abketten.

Über die restlichen 36 M für den rückwärtigen Kragen weiter glatt links stricken, dabei in der 1. R an der Schulterkante 1 Randm neu anschlagen.

In 90 cm Gesamthöhe die 37 M stilllegen.

RECHTES VORDERTEIL

Gegengleich stricken.

ÄRMEL

Zuerst die Schulternähte schließen.Aus den mittleren 40 (46) cm einer Seitenkante 58 (66) M mit Nadeln Nr. 5–5,5 und 2 Fäden aufnehmen und 1 Rückr links, dann glatt rechts stricken. Dabei für die Ärmelschrägungen beidseitig in jeder 4. R 3 (4) x 1 M abketten = 52 (58) M.

In 40 cm Ärmellänge zu Nadeln Nr. 4–4,5 wechseln und noch 1 Rückr rechts stricken. Dann die M abketten, dabei rechts stricken. Den 2. Ärmel ebenso anstricken.

ZU GUTER LETZT

Das Teil spannen und unter feuchten Tüchern trocknen lassen.

Die Ärmel- und Seitennähte schließen.

Die stillgelegten je 37 M im Maschenstich verbinden, dann den Kragen an die rückwärtige Halsausschnittkante nähen.

Mit Schleife

Ob romantisch verspielt mit fließendem Midi-Rock oder als Casual-Outfit zu Jeans – der kurz geschnittene Pulli mit weitem Ausschnitt, Ballonärmeln und kesser Schleife sorgt so oder so für einen unwiderstehlich femininen Look!

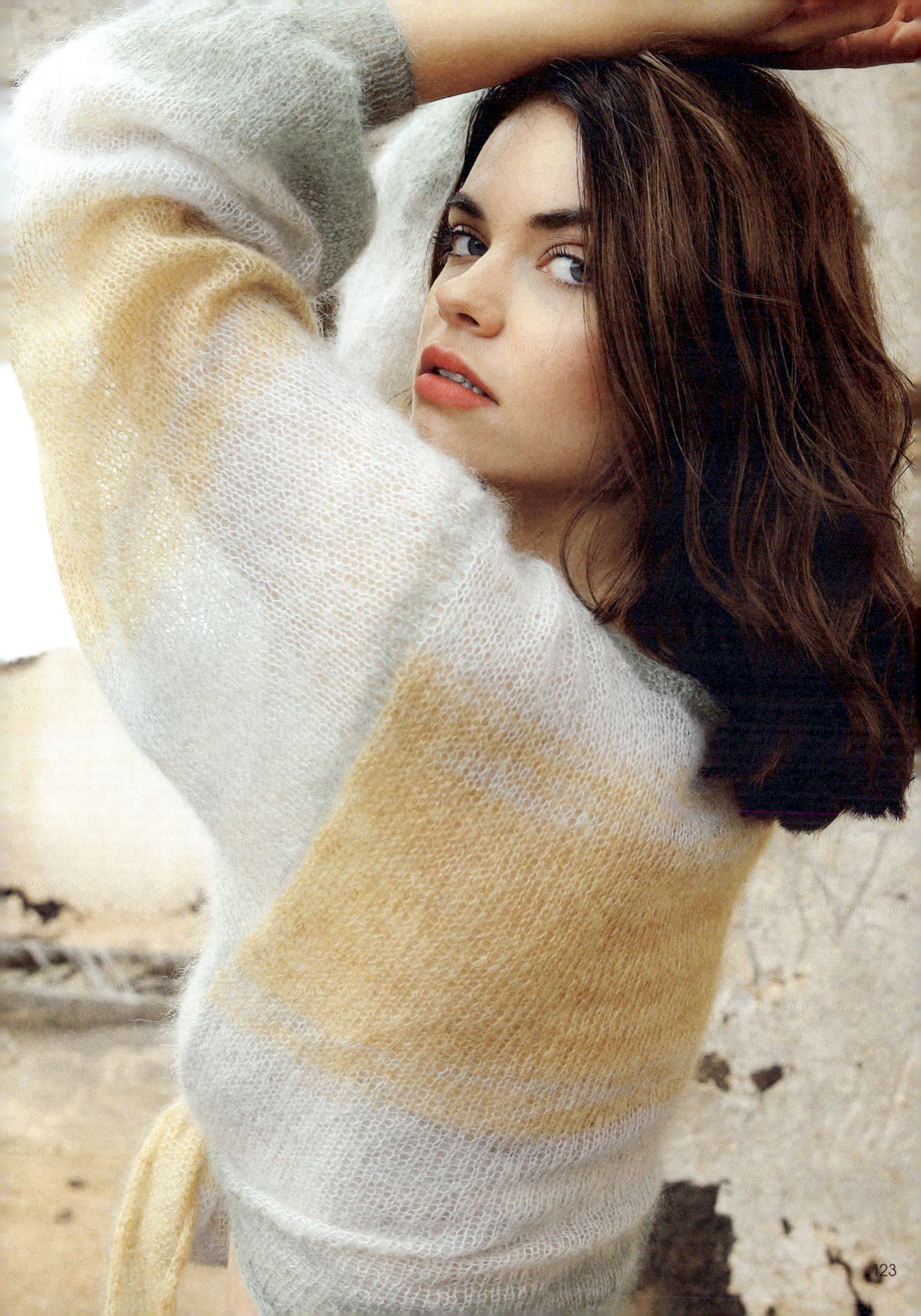

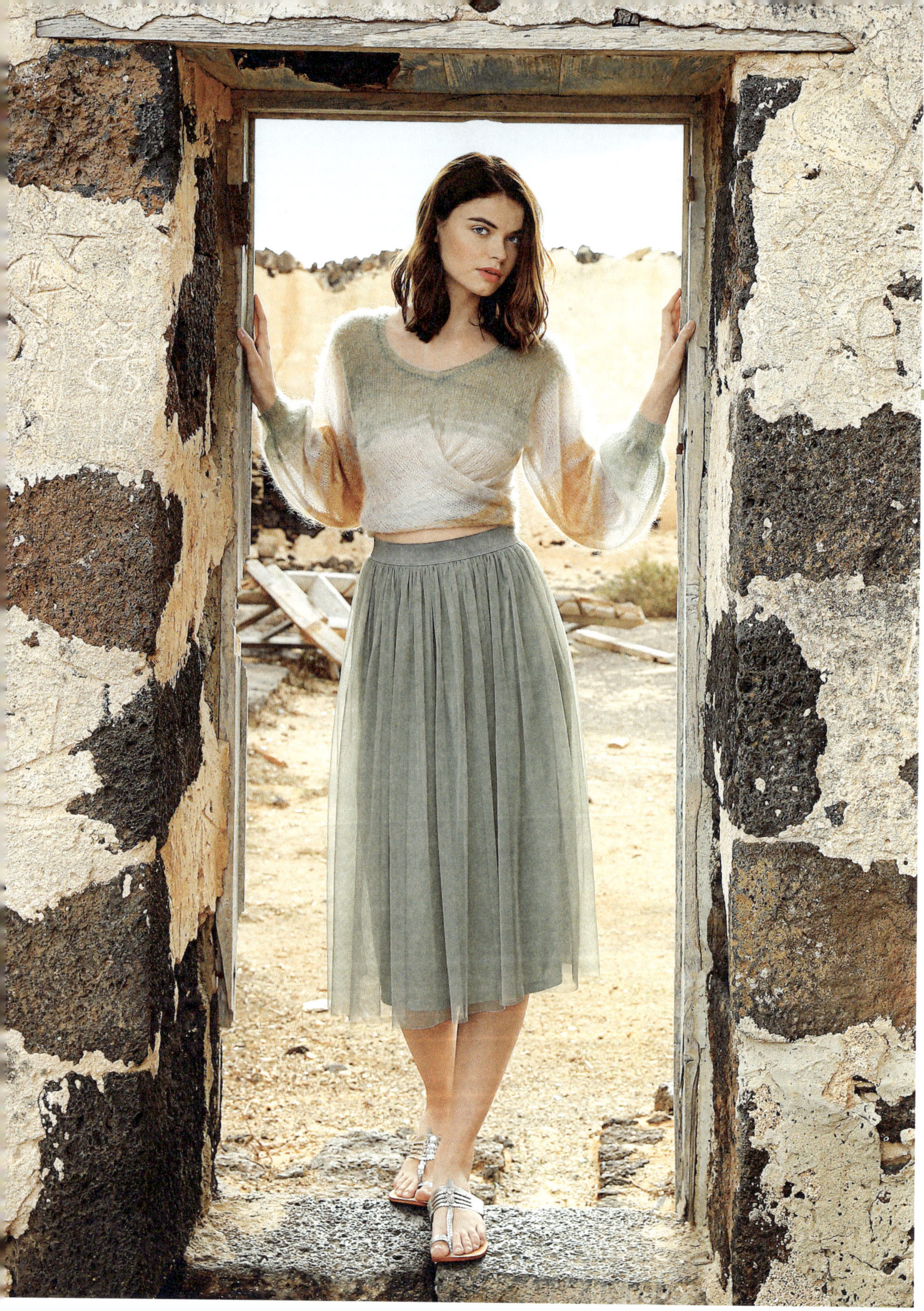

Mit Schleife

Kurz geschnittener Pulli

GRÖSSE

34/36 (38/40) 42/44
Die Angaben für Größe 34/36 stehen vor der Klammer, die Angaben für Größe 38/40 in der Klammer vor dem Strich, die Angaben für Größe 42/44 in der Klammer nach dem Strich. Bei nur einer Angabe gilt diese für alle 3 Größen.

MATERIAL

ggh-Garn KIDSEDA (70 % Mohair, 30 % Seide; Lauflänge ca. 210 m/25 g)
100 (125/125) g in Silber-Messing-meliert **(Fb 207)**
Stricknadeln Nr. 4–4,5, Rundstricknadel Nr. 4–4,5 in 40 cm Länge

MASCHENPROBE

Mit Nadeln Nr. 4–4,5 glatt rechts gestrickt, ergeben 18 M und 22–23 R = 10 x 10 cm.

MUSTER

Glatt rechts
In Hinr rechte M, in Rückr linke M stricken.

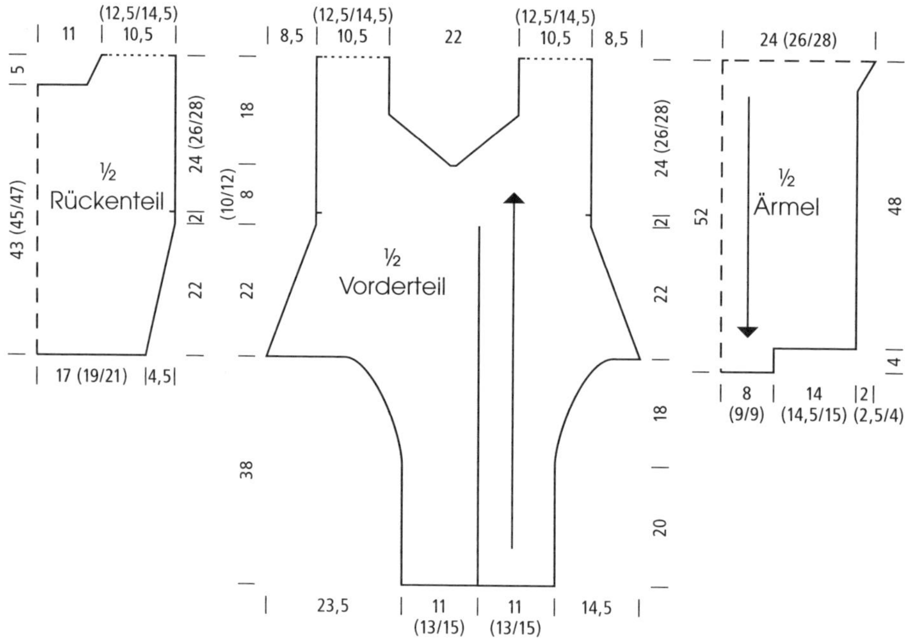

ANLEITUNG

Hinweis: Die Randm ebenfalls in Hinr rechts und in Rückr links stricken.

RÜCKENTEIL

64 (70/78) M anschlagen und zuerst 1 Rückr links, dann glatt rechts stricken. Dabei für die Seitenschrägungen beidseitig in jeder 6. R 8 x 1 M zunehmen; dafür je 3 M von den Rändern entfernt 1 M rechts verschränkt aus dem Querfaden stricken = 80 (86/94) M.In 43 (45/47) cm Höhe für den Halsausschnitt die mittleren 28 M gerade, beidseitig davon in jeder 2. R 5 x 1 M abketten.

In 48 (50/52) cm Höhe die verbleibenden 21 (24/28) Schulter-M stilllegen.

VORDERTEIL

Zunächst in 2 Teilen stricken. Für die rechte Seite 22 (25/29) M anschlagen und 1 Rückr links, dann glatt rechts stricken.In 20 cm Höhe an der rechten Kante 1 x 1 M, dann in jeder 4. R 5 x 1 M und in jeder 2. R 6 x 1 M zunehmen; dafür 3 M von der rechten Kante entfernt 1 M rechts verschränkt aus dem Querfaden stricken. Nun an der rechten Kante in jeder 2. R noch 2 x 2 M und 1 x 10 M neu anschlagen = 48 (51/55) M in 38 cm Höhe. Nun für die Seitenschrägung an der rechten Kante nach 4 R 1 x 1 M, dann abwechselnd in jeder 2. und 4. R 14x 1 M abnehmen; dafür Randm und 1 M rechts stricken, dann 1 Überzug arbeiten (= 1 M rechts abheben, 1 M rechts stricken und die abgehobene M überziehen). In 60 cm Höhe die restlichen 33 (36/40) M stilllegen. Die linke Seite gegengleich stricken, jedoch nach den Zunahmen in jeder 2. R 2 x 2 M und 1 x 26 M neu anschlagen = 64 (67/71) M. Für die Abnahmen der Seitenschrägung bis 4 M

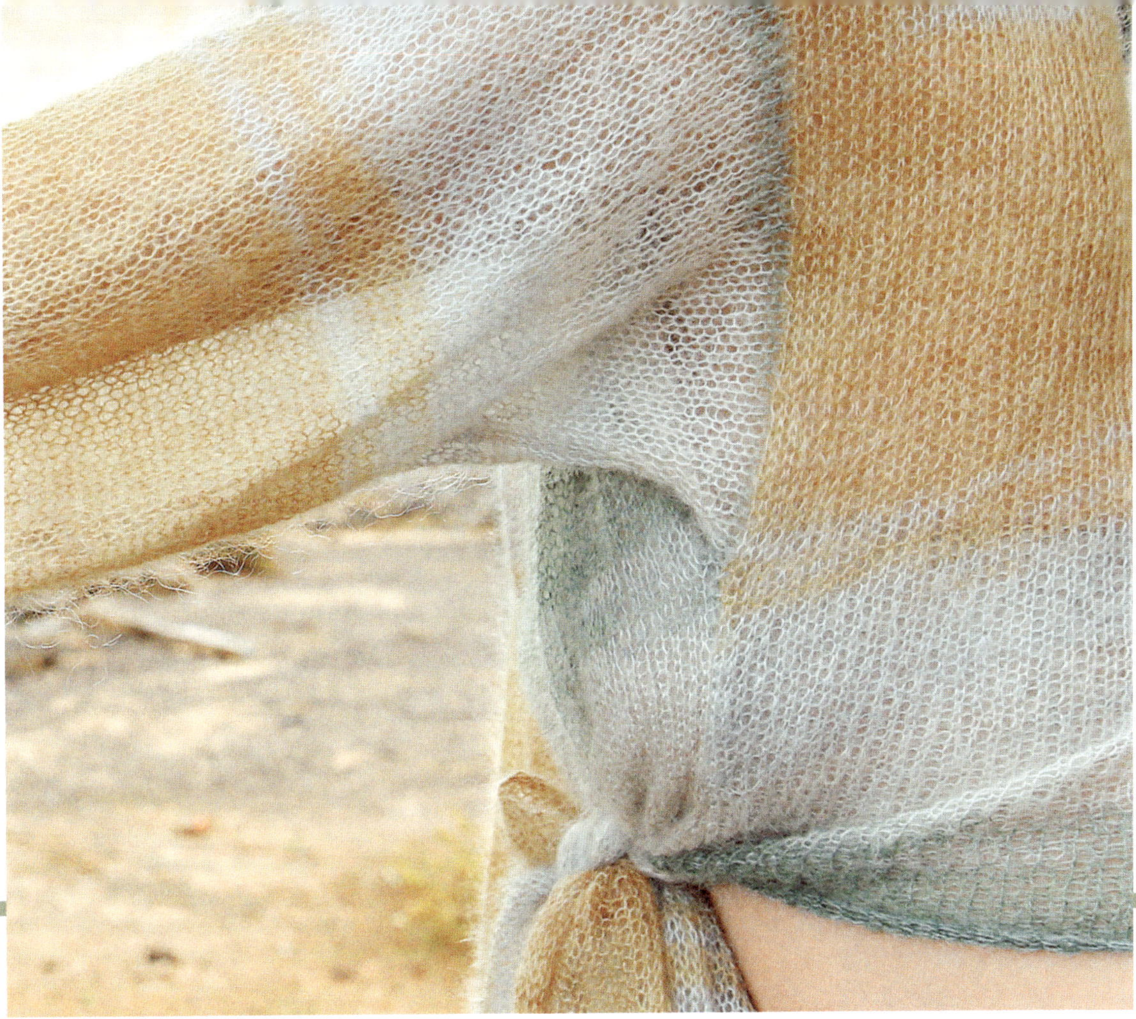

vor Ende der R stricken, dann 2 M rechts zusammenstricken, 1 M rechts, Randm stricken = 49 (52/56) M.In 60 cm Höhe die M stilllegen.
Nun über alle M weiterarbeiten, dabei in der 1. R am Übergang 1 x 3 M rechts zusammenstricken = 80 (86/94) M.
In 68 (70/72) cm Höhe für den Halsausschnitt die mittleren 2 M abketten, beidseitig davon in jeder 2. R 9 x 2 M abketten.
In 86 (88/90) cm Höhe die verbleibenden 21 (24/28) Schulter-M stilllegen.

ÄRMEL

Zuerst die M der Schultern im Maschenstich verbinden.
Aus den mittleren 48 (52/56) cm einer Seitenkante 88 (96/102) M aufnehmen und zuerst 1 Rückr links, dann glatt rechts stricken. Dabei für die Schrägungen beidseitig in jeder 2. R 3 (5/7) x 1 M abketten = 82 (86/88) M. Dann gerade hoch weiterstricken.
In 48 cm Ärmellänge in einer Hinr gleichmäßig verteilt 25 (26/27) x 2 M rechts zusammenstricken und in der folgenden Rückr verteilt noch 25 (26/27) x 2 M links zusammenstricken = 32 (34/34) M.
In 52 cm Ärmellänge die M abketten.
Den 2. Ärmel ebenso anstricken, dabei mit der gleichen Farbstelle des Garns beginnen.

ZU GUTER LETZT

Das Teil spannen und unter feuchten Tüchern trocknen lassen.
Die Ärmel- und Seitennähte schließen.
Aus dem Halsausschnitt mit der Rundstricknadel ca. 116 M aufnehmen, dann 3 Rd rechts und 1 Rd links stricken. Danach die M abketten, dabei rechts stricken.

Impressum

Autor: Rebecca Trade
Entwürfe: Susanne Schmidt-Guttandin
Anleitungen: Katharina Buss
Realisation: Andreas Kersten
Fotos: Johannes Caspersen
Styling: Sibylle Wehner
Produktmanagement: Helgrid van Impelen
Lektorat: Dr. Stefanie Gronau
Korrektorat: Anna Maier
Umschlaggestaltung: Leeloo Molnàr
Layoutentwurf & Satz:
Marion Tykal, MXM Digital Service GmbH
Repro: LUDWIG:media
Herstellung: Stephanie Schlemmer
Printed in Slovakia by Neografia

★★★★★

Sind Sie mit diesem Titel zufrieden? Dann würden wir uns über Ihre Weiterempfehlung freuen. Erzählen Sie es im Freundeskreis, berichten Sie Ihrem Buchhändler oder bewerten Sie beim Onlinekauf. Und wenn Sie Kritik, Korrekturen oder Aktualisierungen haben, freuen wir uns über Ihre Nachricht an Christophorus Verlag, Postfach 40 02 09, D-80702 München oder per E-Mail an lektorat@verlagshaus.de.

Unser komplettes Programm finden Sie unter
www.christophorus-verlag.de

ggh GmbH, www.ggh-garn.de
Rebecca Trade GbR, www.rebecca-online.de

Die Deutsche Nationalbibliothek verzeichnet diese Publikation in der Deutschen Nationalbibliografie; detaillierte bibliografische Daten sind im Internet über http://dnb.d-nb.de abrufbar.

ISBN 978-3-8410-6632-9

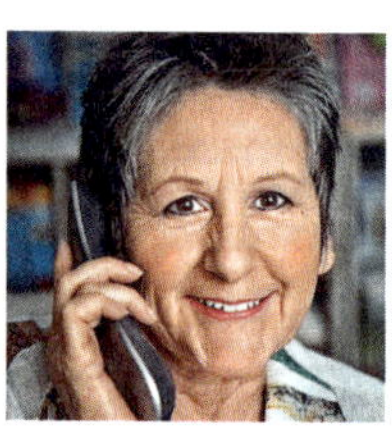

Kreativ-Service

Sie haben Fragen zu den Büchern und Materialien? Frau Erika Noll ist für Sie da und berät Sie rund um alle Kreativthemen. Rufen Sie an! Wir interessieren uns auch für Ihre eigenen Ideen und Anregungen. Sie erreichen Frau Noll per E-Mail: **mail@kreativ-service.info** oder Tel.: **+49 (0) 5052 / 91 18 58**.

Besuchen Sie uns im Internet: **www.christophorus-verlag.de**